妙趣横生
行为经济

战胜商业与生活中的非理性

行動経済学が最強の
学問である

[日] 相良奈美香 著　宋刚 周璇 译

KODOKEIZAIGAKU GA SAIKYO NO GAKUMON DEARU
BY Namika Sagara
Copyright © 2023 Namika Sagara
Original Japanese edition published by SB Creative Corp.
All rights reserved
Chinese (in Simplified character only) translation copyright © 2024 by China Machine Press Co., Ltd.
Chinese (in Simplified character only) translation rights arranged with SB Creative Corp., Tokyo
through BARDON CHINESE CREATIVE AGENCY LIMITED, HONG KONG.
This edition is authorized for sale in the Chinese mainland (excluding Hong Kong SAR, Macao SAR and Taiwan).
No part of this book may be reproduced or transmitted in any form or by any means, electronic or mechanical, including photocopying, recording or any information storage and retrieval system, without permission, in writing, from the publisher.

本书中文简体字版由 SB Creative Corp., Tokyo 通过 BARDON CHINESE CREATIVE AGENCY LIMITED, HONG KONG 授权机械工业出版社在中国大陆地区（不包括香港、澳门特别行政区及台湾地区）独家出版发行。未经出版者书面许可，不得以任何方式抄袭、复制或节录本书中的任何部分。

北京市版权局著作权合同登记　图字：01-2024-0606 号。

图书在版编目（CIP）数据

妙趣横生行为经济：战胜商业与生活中的非理性 /（日）相良奈美香著；宋刚，周璇译 . —北京：机械工业出版社，2024.5
ISBN 978-7-111-75515-9

Ⅰ. ①妙…　Ⅱ. ①相…　②宋…　③周…　Ⅲ. ①行为经济学 – 通俗读物　Ⅳ. ① F069.9-49

中国国家版本馆 CIP 数据核字（2024）第 067456 号

机械工业出版社（北京市百万庄大街 22 号　邮政编码 100037）
策划编辑：顾　煦　　　　　　责任编辑：顾　煦　刘新艳
责任校对：王小童　张亚楠　　责任印制：李　昂
河北宝昌佳彩印刷有限公司印刷
2024 年 7 月第 1 版第 1 次印刷
170mm×230mm・19.75 印张・1 插页・176 千字
标准书号：ISBN 978-7-111-75515-9
定价：79.00 元

电话服务　　　　　　　　　网络服务
客服电话：010-88361066　　机　工　官　网：www.cmpbook.com
　　　　　010-88379833　　机　工　官　博：weibo.com/cmp1952
　　　　　010-68326294　　金　书　网：www.golden-book.com
封底无防伪标均为盗版　　　机工教育服务网：www.cmpedu.com

| 序言 |

全球商业精英都在学习的"行为经济学"

谷歌、亚马逊、网飞……世界各地的企业都在建立"行为经济学团队"。

大家对"行为经济学"有何印象呢?或许你会听到这样的回答:"经济学的一个分支""不怎么重要""好像和自己关系不大"。

如果得知"行为经济学是当今商界中最受关注的学科",想必你一定会万分惊讶。

如今,人们常常会做此评价:"行为经济学才是商界人士的必备素养。"

事实上,诸多闻名世界的顶尖企业均已开始引入行为经济学,甚至有不少企业开始建立"行为经济学团队",如表 P-1 所示。

表 P-1　将行为经济学融入业务之中的世界一流企业

谷歌	麦肯锡	保德信
亚马逊	德勤	摩根大通
苹果	普华永道	沃尔玛
网飞	达能	强生
Meta（脸书）	可口可乐	万事达
微软	荷兰国际集团（ING）	纳斯达克
爱彼迎	美国国际集团	贝莱德
优步	诺华	瑞士再保险
Spotify	Nest	Betterment
西维斯健康	Indeed.com	安联投资

资料来源：以"Example Companies Involved with Behavioral Economics"，Stephen Shu, PhD Official Website, July 1, 2018 为基础制表。

从谷歌、亚马逊、苹果和网飞等科技巨头，到麦肯锡、德勤等咨询行业领军者，再到摩根大通等金融企业；从强生等医疗行业龙头，到沃尔玛等零售业代表企业，再到美国政府、世界卫生组织和世界银行等公共机构——行为经济学影响深远。并且，还在不知不觉中影响着我们所有人。

本书后续的内容将对此进行详细说明。在这之前，让我们简单看一些案例。亚马逊将行为经济学理论中的"锚定效应"（Anchoring Effect）运用至商品页面的设置中，在无形中激发我们的购买欲；网飞利用"默认效应"（Default Effect），让我们不断地观看视频；谷歌将"确认性偏差"（Confirmation Bias）引入招聘面试环节，以发掘货真价实的杰出人才。

在上述企业中，甚至还有企业在首席运营官（COO）和首席营销官（CMO）之外设立了首席行为官（CBO），这足以表明全球企业对行为经济学的重视程度。

美国招聘中的"行为经济学"热潮

高中毕业后我前往美国留学，在俄勒冈大学"邂逅"了行为经济学。后来，我在俄勒冈大学研究生院和商学院学习了行为经济学。我也是日本为数不多的拥有行为经济学博士学位的人之一。

毕业后，我并未选择从事研究工作，而是创办了一家美国鲜有的行为经济学咨询公司，并成为该公司的负责人。我公司主要在美国和欧洲开展业务，为金融、医疗保健、制药、汽车、科技和营销等众多行业的公司提供咨询，帮助它们将行为经济学融入商业活动。

由于美国对客户身份有着严格的保密规定，因此我无法提及客户的具体信息。但可以透露的是，曾向我公司咨询的客户非常多，大到众所周知的世界级企业，小到中小型企业。目前，我参加的项目数量已经达到了一百多个。

除此之外，我还应邀在耶鲁大学和斯坦福大学等大学和企业介绍、推广行为经济学，也曾在国际上发表相关演讲。迄今为止，我已向一千多人讲授过行为经济学。近二十年来，我始终走在世界行为经济学的最前线。

回归正题。目前，行为经济学越来越受到商界的重视，具有行为经济学背景的人才在美国也愈加抢手。

我有一位曾在宾夕法尼亚大学研究生院主修行为经济学的朋友说:"如果不是因为主修行为经济学,我根本不可能进入谷歌工作。"如今,美国的企业间已然爆发了一场"行为经济学专业学生争夺战"。虽然我研究生时期的朋友有很多都选择了留在学术界做教授,但也有不少人选择了就业。而他们多数都在"FAANG"(即美国五大科技公司,包括脸书、苹果、亚马逊、网飞、谷歌)工作。

我曾试着在谷歌上搜索"Behavioral Economics job"(行为经济学工作),并分别对2012年和2022年九个月的热门条目数量进行了比较。结果显示,2012年共有23 800条,2022年则有2730万条。十年间,热门条目数量增加了1146倍。

不仅是企业的用人需求,大众对行为经济学相关工作的关注度也在急剧上升。2000年下半年,我还在读研究生的时候,参加行为经济学学会的不过几十人。但在接下来不到二十年的时间里,这一情况发生了翻天覆地的变化。

我曾多次参与面向具有行为经济学背景的人才招聘工作。按如今的行情,若要聘用一位行为经济学博士,第一年的年薪至少要开出1500万日元(约合人民币73万元)。若要聘请一位教授担任顾问,其时薪可高达30万日元(约合人民币1.5万元)。

"聘请教授担任顾问吗?"

这听起来或许有些不可思议,但在美国却很常见。当人们制订新的商业计划或创办一家新公司时，往往会从学术界聘请专家担任顾问。我以前所在的大学，也不乏教授被苹果和微软挖走的例子。各大企业间上演名校教授争夺战的情况并不少见。

哈佛大学、宾夕法尼亚大学、卡内基-梅隆大学……各大名校相继建立"行为经济学学院"

本质上，大学的作用是培养"能在社会中发挥积极作用的人才"，尤其是美国的大学，往往会积极地将社会需求日益增长的相关知识和技能纳入课程之中。如果进一步成立了相关学院，那就意味着社会对这门学科的需求已经相当可观。过去几年间，随着商界对行为经济学的关注度愈加高涨，诸多大学的商学院相继将行为经济学纳入课程，甚至出现了建立"行为经济学学院"的热潮。（见表 P-2，鉴于日本的大学系统与美国不同，故加入了商学院和研究所的相关信息。）具体而言，在以哈佛大学、耶鲁大学、宾夕法尼亚大学、康奈尔大学、哥伦比亚大学为代表的"常春藤联盟"和芝加哥大学、卡内基-梅隆大学、斯坦福大学等名校中，均可修习行为经济学。

上述大学中的行为经济学硕士课程有一个显著特点，即许多学生是在工作后再重返大学学习的。例如，在我担任顾问的宾夕法尼亚大学，获得行为经济学硕士学位的学生中，50% ~ 90% 的人都有工作经验。

各国的商界人士云集于此，并且越来越倾向于"行为经济学能带给我一份更好的工作"。

表 P-2 开设行为经济学学科的大学

大学名称	学位点/研究所	大学名称	学位点/研究所
哈佛大学	硕士点/博士点	伦敦大学学院	硕士点
麻省理工学院	博士点	宾夕法尼亚大学	学士点
加州大学洛杉矶分校	博士点	卡内基-梅隆大学	学士点
加州理工学院	博士点	南加州大学	学士点
芝加哥大学	博士点	德雷塞尔大学	学士点
堪萨斯大学	博士点	耶鲁大学	研究所
圣路易斯华盛顿大学	博士点	斯坦福大学	研究所
马里兰大学	博士点	加州大学圣选戈分校	研究所
鹿特丹伊拉斯姆斯大学	博士点	加州大学伯克利分校	研究所
康奈尔大学	硕士点	哥伦比亚大学	研究所
宾夕法尼亚大学	硕士点	纽约大学	研究所
伦敦政治经济学院	硕士点	俄勒冈大学	研究所

注：包括商学院和研究所。

此外，还有不少名校与知名企业正在联手研究行为经济学。例如耶鲁大学，正在与谷歌、Meta、IBM 等企业展开合作，共同研究行为经济学。这足以说明当今社会对行为经济学的重视程度。

为什么行为经济学是一门"最强大的学问"

为什么全世界的商界精英都在学习行为经济学呢？这是因为"经济（活动）"实际上是"人类行为"的积累，要理解"经济（活动）"关键就在于理解"人类行为"。

无论是从事企业与企业之间的商业活动，还是致力于直接面向消费者的商业活动，毫无疑问，这些活动的客户都是"人"。而你的上司、同事和业务伙伴也都是"人"。归根结底，"经济（活动）"建立在一系列"人类行为"的基础之上。

因此，顾名思义，"行为经济学"是研究"经济（活动）"中"人类行为"的学问。

行为经济学的重中之重，是理解"人们为什么会有这样的行为"。仅仅通过研究人们过去的行为，理解"那个人为什么要做 A 而不做 B"很难得出有效对策。但如果理解了"为什么不做 B"，就能很直观地看出"怎样才能让他们做 B"。

行为经济学并非凭直觉或主观判断来揣测"人们为什么会有这样的行为"，而是将"经过实验证明的人类行为"进行理论化的科学成果。

毕竟，商业的核心就是"改变人类行为"。实际上，通过了解人们行为背后的原因并充分利用本书后文中所介绍的框架而一举改变几千万、几亿人的案例在世界各国比比皆是。

正因为具有这种震天撼地般的影响力，行为经济学才被称为"最强大的学问"。而世界上的精英们之所以纷纷学习行为经济学，也正是因为他们意识到了这一点。

首本系统介绍主要理论的入门图书

传统的行为经济学也有其不足之处。这是一门刚诞生不久的新学科，并未得到系统化（见图 P-1）。行为经济学是理解"人类行为"的理论集合，但它仍处于一种混乱状态，学科内部尚未划分领域和范畴，理论之间也缺乏联系。

因此，若想学习行为经济学，除了死记硬背每一条理论之外别无选择。但仅仅如此，很难掌握这门学科的精髓。实际上，"没有连贯性，难以理解""行为经济学到底是什么"等质疑声在我身边也不绝于耳。

本书提出了如图 P-2 所示的"学习方法"。正如序章所说，本书阐明了行为经济学的本质，并通过建立"三个范畴"来帮助读者理解其本质，同时将各种理论进行分类，从而将行为经济学系统化。

本书专为行为经济学初学者设计，从基础知识到主要理论，将行为经济学的内容"一网打尽"。只须阅读这一本书，就可以一次性掌握商界人士所必需的行为经济学素养——这就是本书的编写理念所在。

图 P-1　传统的行为经济学学习方法

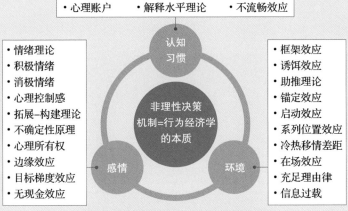

首次将行为经济学进行理论梳理、系统化

图 P-2　本书中的行为经济学学习方法

另外，如果你以前已经学习过行为经济学，也可以通过本书重新理解行为经济学的精髓，并将所学知识系统化，加深对行为经济学的理解。

翻开正文，让我们一起走进"行为经济学"的世界吧！

行为经济学博士、"美国行为经济学"顾问

相良奈美香

| 目录 |

序　言　全球商业精英都在学习的"行为经济学"

序　章　这不是一本"行为经济学的入门书"　　　　　　　　1
　行为经济学诞生的初衷是什么　　　　　　　　　　　　　　6
　　经济学和心理学的奇妙结合　　　　　　　　　　　　　　7
　　传统经济学无法解释"人类行为"　　　　　　　　　　　11
　　行为经济学的一大成果"多储蓄，为明天"计划　　　　　13
　　美国总统奥巴马连任与行为经济学　　　　　　　　　　　17
　　为什么网飞会自动播放下一集　　　　　　　　　　　　　19
　　隐藏在星巴克积分"星星"背后的目标梯度效应　　　　　22
　传统的行为经济学缺乏系统性　　　　　　　　　　　　　　25
　　罗列理论而不对其进行分类，难以掌握学科精髓　　　　　25
　　行为经济学仍是一门至今尚未系统化的新学问　　　　　　28

首本系统整理介绍行为经济学的入门图书　　　　　　　　30
　　行为经济学，阐明人类"非理性决策机制"的学问　　30
　　实际上，我们的生活就是一系列"非理性决策"　　　33
　　决定"非理性决策"的三要素　　　　　　　　　　　35
　　首次将主要理论进行梳理、系统化　　　　　　　　　43

第 1 章　认知习惯：大脑的"认知习惯"会影响人们的决策　　47

认知习惯究竟来源于什么　　　　　　　　　　　　　　51
　　大脑的两种思维模式：双重过程理论（系统 1 vs 系统 2）　52
　　人们在何时会倾向于使用"系统 1"　　　　　　　　54
　　阻碍"系统 1"的"不流畅效应"　　　　　　　　　57

"系统 1"会创造更多的认知习惯　　　　　　　　　　　59
　　"10 美元的剧场票"与"心理账户"　　　　　　　　59
　　何为"自制偏差"　　　　　　　　　　　　　　　　63
　　从"沉没成本"角度来看，密歇根州和威斯康星州应该
　　　选哪个　　　　　　　　　　　　　　　　　　　　65
　　注意力经济时代，你需要了解的"机会成本"　　　　67
　　"热手效应"：为什么我们会期待他"超过迈克尔·乔丹"　69
　　为什么麦当劳的问卷调查是一场巨大的失败　　　　　72
　　要了解人类，比起研究更应观察　　　　　　　　　　78
　　"登门槛效应"：把海报贴满大街小巷　　　　　　　80
　　谷歌招聘与"确认性偏差"　　　　　　　　　　　　83
　　这款面霜很有效？可能是"真相错觉效应"在作祟　　86

五感也是"认知习惯"　　　　　　　　　　　　　　　　90
　　万众瞩目的"具身认知"究竟是什么　　　　　　　　90

  "概念隐喻"：如何展示高端腕表？垂直还是倾斜　　91
  从"认知流畅性"角度来看，苹果的标识应该放在顶部　　94

"时间"也是一种"认知习惯"　　97
  "双曲贴现模型"：未来的你不是你自己　　97
  这个数字究竟是接近零还是远离零　　100
  包含酒店的夏威夷之旅与"解释水平理论"　　102
  用"计划谬误"搞定240个小时的项目　　104
  无论快乐还是厌恶，最终都会"享乐适应"　　105
  多伦多大学与"持续时间启发式"原则　　107

第2章　环境：人们所处的"环境"会影响决策　　113

人类受"环境"支配　　118
  天气决定大学择校　　119
  "系列位置效应"：为什么55%的人都选了第一种红酒　　121
  5美元的电池与"在场效应"　　124
  20美元的星巴克礼品卡有时也会引发"过度合理化效应"　　126

信息过多会影响人们的判断　　129
  微软"平均24分钟"结论　　129
  行为经济学：信息绝不能过多　　131
  一家出版社如何让读者避免"信息过载"　　134

选项太多，无法取舍　　136
  4000种卫生纸与"选择过载"　　136
  亚马逊和TikTok的"选择架构"　　139
  如何让人们在两个月后依然对一款红酒赞不绝口　　141
  最好的选择方法是十选一　　143

"助推理论"：即便如此，"今日推荐"也依然有效　　145
　　跟乔布斯学习"随意选择"的秘诀　　146
人们的决定会因表述内容和形式的不同而变化　　150
　　娜奥米·曼德尔的调查与"启动效应"　　150
　　如果播放法式音乐，那么83%的顾客都会购买法国
　　　葡萄酒　　152
　　"七成瘦肉"和"三成肥肉"，你会选哪个　　154
　　什么是"前景理论"　　156
　　哥伦比亚大学和加州大学洛杉矶分校关于"框架效应"
　　　的研究　　159
　　联合评估与单独评估：如何选择二手辞典　　161
　　凭借"诱饵效应"大卖的275美元家庭烘焙机　　165
　　为何99%的奥地利人都同意捐赠器官　　167
　　iPhone 7看起来便宜的奥秘："锚定效应"　　172
　　法院判决结果是由骰子上的数字决定的吗　　174
　　亚马逊：综合运用各类"环境"理论而立于不败之地　　177
　　如何运用"充足理由律"让有求于人的理由合理化　　179
　　如何运用"自主性偏差"让孩子洗碗　　182
只须改变"时间"，人们的决定就会发生变化　　186
　　在早上或午饭后更易被假释　　186
　　"冷热移情差距"：为什么有很多美国人会在早上买晚餐　　189

第3章　感情：当下的"感情"会影响人们的决策　　193

"感情"究竟是什么　　198
　　相比于喜怒哀乐，"轻微的情绪"更能影响人们的决策　　199

探究人们的"情绪"	202
安东尼奥·达马西奥与"情感标记"	207
互联网上的感情也具有"传染性"	208

"积极情绪"如何影响人们的判断 211
  "拓展–构建理论":积极情绪能提高业绩   211
  "心理所有权"可能会让拥有平板电脑的你过度购买   214

"消极情绪"如何影响人们的判断 218
  "消极情绪"是敌是友   219
  如何让短短2分钟的演讲精妙绝伦   222
  凭借"立马放弃"逃离"消极情绪"   224
  stickK网站:一种让你心甘情愿捐钱给自己不喜欢的组织团体的服务   226

感情会影响我们的消费方式 228
  你正在被亚马逊的"无现金效应"麻痹   229
  为什么标价"20.00"会比标价"＄20.00"卖得更好   231
  "目标梯度效应":激发你积点欲望的"积点卡"   232
  用钱买到幸福的五种方法   234

"控制感"也会影响人们的判断 237
  人类生来就充满控制欲   237
  南加州大学血液采集与控制实验   238
  "边缘效应"发力,带有边框的药品包装更受欢迎   241

"不确定性"也会影响人们的判断 243
  "不确定性原理":"未知"会带来最沉重的压力   243
  美国乐透彩票"超级百万"与不确定性   245

终　章　我们身边的行为经济学　　　　　　　　　　　251

　"了解自我和他人"与行为经济学　　　　　　　　254
　　　"了解自我和他人"蕴含着巨大的力量　　　　254
　　　类型1："促进定向"还是"预防定向"　　　　256
　　　类型2："利益最大化"还是"知足者常乐"　　258
　　　类型3："乐观向前"还是"厌恶后悔"　　　　259
　"可持续性"与行为经济学　　　　　　　　　　　261
　　　如何用"助推理论"来提高酒店毛巾的重复利用率　261
　　　德国能源公司与"默认效应"　　　　　　　　264
　　　如何用行为经济学省下相当于44万场世界杯球赛的电量　265
　"DEI"战略与行为经济学　　　　　　　　　　　267
　　　实行"DEI"战略从了解认知习惯开始　　　　267
　　　"正因为是我的儿子，所以我不能给他动手术"　271
　　　电影的主人公为什么会发生变化　　　　　　273

后　记　　　　　　　　　　　　　　　　　　　278

参考文献　　　　　　　　　　　　　　　　　281

作者简介　　　　　　　　　　　　　　　　　294

| 序章 |

这不是一本
"行为经济学的入门书"

概述 & 测试

在序章开头,本书将为刚接触行为经济学的读者介绍一些基础性知识,包括"什么是行为经济学""行为经济学诞生的初衷是什么"等。此外,还将以三位诺贝尔奖得主及其代表性理论为基础,介绍这门融合了经济学和心理学的新兴学科是如何诞生的。

在为大家筑牢了行为经济学概述这一基础后,将更为具体地说明传统的行为经济学学习方法存在的问题,以及本书中介绍的可以克服这些问题的行为经济学学习方法。

以上就是序章部分的大致内容。

追根溯源,所谓的"学科"就是被划分为若干研究领域并得到系统化的产物。以"工商管理"为例,"工商管理"这门学科又可以被划分为"经营战略""市场营销""会计""金融""人力资源""运营"等多个领域。这门学科下的各个具体理论也可以划分到这些领域之中,从而使人们更容易理解。

不过,"工商管理"之所以能有如此明确的划分,也是因为其历史悠久,经过了长期发展。换言之,要想将一门学科系统化,必须经过大量的讨论、花费大量的时间。因此,一门学科越是年轻,也就越发混乱无序。

行为经济学就是其中的典型代表。正如序言中的图P-1所示，虽然目前已有许许多多帮助人们理解"人类行为"的理论，但对这些理论进行整理的"类别划分"尚未形成。

既然如此，那么从前学习行为经济学的人都是怎么学的呢？事实上，他们一直都只是零散地、单独地学习每一种理论。这种学习方法很难加深我们对这门学科的理解，只会让我们在无法领会这门学科精髓所在的同时觉得枯燥无聊。

因此，本书首先阐明了行为经济学的本质，并在此基础上将行为经济学划分为"认知习惯""环境""感情"三大要素，并将每种理论归类，正如序言中的图P-2所示。

事实证明，这种细分方法在我的教学中收效颇丰。我也收到了许多学生的反馈，他们纷纷表示自己爱上了这门有意思的学科。

那么，行为经济学的本质究竟是什么呢？

行为经济学，就是一门研究"人类非理性决策机制"的学问。

或许有人会心生疑惑："刚刚不是说行为经济学是一门帮助大家理解人类行为的学问吗？"

请放心。所谓的"人类行为"，其实就是人们在有意识或无意识中做出决策的结果。换言之，你的大脑做出某一决定，你就会将其付诸实践。而人类的行为并不总是理性的。事实恰恰相反，人类往往会做出非理性的行为。

因此,理解"人类行为"也包括理解人类的"非理性决策"。关于这一点,序章的后续内容将会逐步为你解答。

接下来,让我们一起来看一个小测试,或许将有助于你理解人类的"非理性行为(决策)"倾向。

测试

这里你会看见两个装有糖豆(美国的一种糖果类点心,内部为柔软胶状物)的玻璃瓶(见图0-1)。

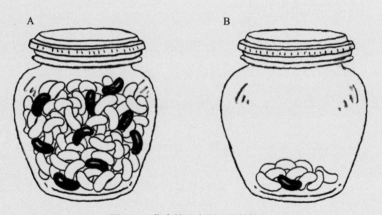

图0-1 你会抽哪个瓶子里的糖豆

每个玻璃瓶内都分别装有白色和红色两种糖豆。其中A瓶共装有100颗,91颗白色、9颗红色;B瓶共装有10颗,9颗白色、1颗红色。

接下来让我们一起玩一个小游戏。每个人轮流从瓶中抽一颗糖豆，先抽到红色糖豆的人能得到一笔奖金。你既可以从 A 瓶中抽取，也可以从 B 瓶中抽取。

现在，你是第一个开始抽的人。

那么，你会选择先从哪个瓶子中抽？

行为经济学诞生的初衷是什么

方才的小测试中，你选了哪个瓶子？

我们先来看结论，很多人会选择 A 瓶。但事实上，选择 B 瓶才更加合理。

A 瓶中共有 100 颗糖豆，其中 9 颗红色。因此，抽到红色的概率是 9%。

而 B 瓶中共有 10 颗糖豆，其中 1 颗红色。因此，抽到红色的概率是 10%，比 A 瓶的概率更高。

然而，实验表明，六成以上的人都会选择 A 瓶。因为人们看重的是瓶子内红色糖豆的数量，而不是抽中的概率。因此，人们并没有根据合理的概率来选择，而是误认为"红色糖豆的数量越多应该就越容易抽中"，所以选择了装有 9 颗红色糖豆的 A 瓶。

明明冷静下来稍加思索就能发现概率的高低，却还是会判断失误——这就是人类。

由此可见，人类往往会做出"非理性的行为（决策）"。而行为经济学就是要研究"非理性的人做出非理性的行为"这背后的奥秘。

接下来，让我们先简要地了解一下行为经济学。

经济学和心理学的奇妙结合

行为经济学是一门融合了经济学和心理学的学问。

那么，究竟什么是行为经济学呢？经济学是"对经济活动中人类行为的研究"，它通过表示货币流动的"经济"这一框架，对人们的行为方式和其背后的原因进行了阐释和理论化。

或许有人会心生疑问："但这不是行为经济学的定义吗？"的确，这一说法也非常有道理。

正如此问，在行为经济学诞生之前，就已经有了一门"将经济活动中的人类行为进行科学化的学问"，也就是经济学。那么，为什么还会有行为经济学呢？

原因在于传统经济学在阐释所有"人类行为"方面存在局限性。传统经济学假设人类总是"理性行事",它忽略了"人类是非理性的动物"这一大前提。关于这一点,后文中还将详述。

事实上,人类经常做出"非理性行为"。理性思考而言,我如果想减肥,那就应该选择更为健康的A套餐,虽然我很清楚这一点,但我最终还是选择了油大味重的B套餐。为了未来做打算,我应该好好攒钱,虽然我也很清楚这一点,但经常"随手"买了超市收银台旁边陈列的商品,造成了一些不必要的开支。

虽然经济学以人类为研究对象,但没有将"非理性的"人类的心理活动考虑在内。

因此,有必要在研究中加入经济学所欠缺的人类心理层面的相关内容,也就是心理学。而行为经济学就诞生于这两者的结合之中。有了行为经济学,我们就可以解释经济活动中的全部"人类行为"。

20世纪中叶以来,行为经济学飞速发展。截至目前,已经孕育了三位诺贝尔奖得主(见图0-2)。

| 理查德·塞勒 | 罗伯特·席勒 | 丹尼尔·卡尼曼 |

图 0-2　三位行为经济学家

2002 年，被誉为"行为经济学之父"的丹尼尔·卡尼曼荣获诺贝尔经济学奖。遗憾的是，与他共同开展研究的阿莫斯·特维斯基当时已经与世长辞。如若特维斯基仍在世，他本可以与卡尼曼共享此荣誉。

卡尼曼出生于以色列，是一位心理学家。在加州大学伯克利分校获得博士学位后，他继续留在美国从事研究工作，并于 1979 年发表了"前景理论"。正如后文中详述所说，"前景理论"是一个关于"人类非理性决策"的开创性理论，至今仍是行为经济学的一大核心。

2013 年诺贝尔经济学奖得主罗伯特·席勒，他是行为经济学学界的又一大重要人物。席勒是一位经济学家，他指出"泡沫经济是一场捕风捉影的狂热"。席勒的理论认为，仅仅像传统经济学那样简单地通过对历史数据进行数学分析无法洞悉市场，必须要看到人们的心理活动对股票走势的影响。他的理论，也就是我们所说的行为经济学。

除去以上两位，还有一位行为经济学领域的诺贝尔奖得主。他就是创立了"助推理论"的理查德·塞勒，于2017年荣获诺贝尔经济学奖。他将卡尼曼的"前景理论"与经济学进一步结合，大大推广普及了行为经济学。当然，也有许多研究人员发表过相关论文。而他，是通过撰写专栏和书籍向普通商界人士普及行为经济学的领军人物。

如上所述，行为经济学在短时间内赢得了相当的关注度。但在20世纪末期，当我还是一名博士生时，"行为经济学"（Behaviour Economics）一词尚未得到大众认可，一般会称呼其为"决策心理学"（Judgment and Decision Making，即判断与决策）。在1991年发表的一篇学术论文中，卡尼曼也并未采用"行为经济学"一词，而是写道："我和特维斯基从1969年开始研究'判断与决策'。"可见，当时的这门学科仍被称为"决策心理学"。

然而，自2010年起"行为经济学"一词迅速成为人们关注的焦点。

传统经济学无法解释"人类行为"

- "行为经济学之父"丹尼尔·卡尼曼和阿莫斯·特维斯基原本专攻心理学。
- 席勒和塞勒专攻经济学。

现在,大家应该都能明白,行为经济学实际上是"经济学"和"心理学"两者的结合。卡尼曼关注的是心理学中的"决策心理学",并指出了"人类决策的非理性"。他将人类心理中与规律相悖的模糊性和多变性应用到了经济学之中。

那么,经济学与行为经济学之间又有何关系呢?下文将做简要概述。

首先,让我们来看看经济学的起源。当代经济学的基础由亚当·斯密于18世纪建立,他在《国富论》一书中写道:

"在市场经济中,如果每个人都追求自己的利益,那么整个社会就会实现资源的合理配置。"

这是斯密对资本主义经济中的核心"市场"的看法。在他看来,即使出现偏差,也会有"上帝无形的手"进行恰当的调整。

在《国富论》前，斯密先完成了《道德情操论》一书。他在该书中指出："人有着各种各样的激情，也有同情的力量。如果我们明确自身的责任和道德，就能够正确行事。"

而经济学沿袭了"经济学之父"斯密的这一思想，以"在市场机制中活动的人们总会做出理性和正确的判断"为前提进行了理论构建。

随后，为探究愈加复杂的市场机制，宏观经济学、统计学、金融工程学等诸多学科应运而生。但经济学研究的终点始终没有改变，那就是数学，它是一个完全"理性化"的世界。

然而，实际经验告诉我们，无论是在18世纪还是在今天，无论是在过去还是未来的时代，市场经济都不是完全理性的。原因很简单：市场经济中存在着"非理性的人"。此外，遗憾的是，并非所有人都有责任和道德。而且众所周知，"明知山有虎，偏向虎山行"的例子也比比皆是。

"传统经济学建立在假设个人都是理性的这一基础上，因而有其局限性。"

如前文所述，这就是为什么"行为经济学"这一门为了解人类行为而将心理学与经济学相结合的学问会诞生于世。

行为经济学的一大成果"多储蓄，为明天"计划

行为经济学能够迅速传播开来，有两大原因尤为关键。一是行为经济学切合社会需求，二是行为经济学填补了经济学无法完善的空白领域。

例如，在行为经济学诞生之前，政府和企业在考虑新政策和新项目时往往会向经济学家寻求建议。这固然可以听取到基于"理性"的宝贵意见，但得到的建议往往会与现实相背离。

前文中所提到的塞勒以及与其共同展开研究的什洛莫·贝纳茨就是利用行为经济学提供突破性建议的杰出代表。他们的"多储蓄，为明天"计划（Save More Tomorrow），又称"智慧型计划（SMarT）"，这一赫赫有名的理论在普及行为经济学方面发挥了巨大作用。接下来，将简要介绍该理论。

在日本，所有20岁及以上的日本公民都自动加入国民养老金计划，在公司工作的职员还会加入厚生养老金计划。换言之，人们都在不知情的情况下用自己的工资购买着养老保险。

而美国则不同，美国的养老金制度奉行"个人自愿"原则。正因为如此，根据美国人口普查局的数据，所有55～66岁的中

老年人中，竟然有一半的人没有任何退休储蓄。

当然，有大企业已经引入了固定缴费养老金计划。他们还呼吁"存得越多，未来能领到的养老金就越多"，鼓励员工多在里面存钱。可是即便如此，如今仍然有很多人没有参加养老金计划，还有人即便参加了也没有往里面多存钱。

"既然存养老金也是为了以后的自己过得更好，那他们为什么不存呢？"

传统经济学假设个人是理性的，因而无法回答这个问题——但行为经济学能够给出答案。

（1）惰性（Inertia，也称惯性）：人类对麻烦事抱有偏见，会倾向于"保持现状"。这种惰性导致人们认为加入养老金计划太过麻烦。

（2）损失规避（Loss Aversion）：人类所感受到的负面情绪价值（例如丢失一千块钱时的惊慌）大于正面情绪价值（在路上捡到一千块钱时的快乐）。因此，当月实得工资减少1万元比存款增加1万元带给人们情绪的影响更大。

（3）现时偏见（Present Bias）：人们往往更加关注"当下"，而对"未来的自己能领到多少养老金"一事感到事不关己。因此，比起未来的自己，人们更愿意把钱花在当下的自己身上。

出于以上偏见，尽管从理性出发人们也认为自己应该购入养老保险，但由于非理性方面的因素，人们仍然很少为攒养老金做出努力。面对此种艰难境况，塞勒和贝纳茨主张要敢于充分利用偏见。

首先是惰性，他们认为可以通过创建"默认设置"（Default Setting）来正向利用人们的惰性。所谓的"默认设置"，就是一开始就明确"我司要求所有员工都加入公司养老金计划"。这样一来，所有人都不需要办理额外手续，自动地加入养老金计划，而不想加入的人就需要办理"自愿退出"手续。人类本性怕麻烦，最终大多数人都会加入。

其次，为了避免损失规避和现时偏见带来的负面影响，应当将公司的养老金缴纳制度改为"工资上涨时，养老金缴纳比例也会自动上涨"。这样就不会减少员工的实得工资，可以毫无阻力地实现养老金缴纳额度的上升。

除此之外，还可以通过设置"非强制原则"来利用"惰性"。虽然"缴纳养老金并不是强制的，你可以随时退出，也可以自己决定缴纳的额度"，但因为"惰性"使然，大家一般都不会再在进入公司时的养老金标准上做出改动。

这样一来，养老金缴纳额就会自然而然地逐渐增加。

这就是了解人们的行为诱因和偏见并敢于加以有效利用的一大杰出实例。

其中的关键，其实就是做出些许的改变。塞勒所提出的这一理论被称为"助推理论"（Nudge Theory），其中的"助推"（Nudge）意味着轻轻一推。事实证明，一点儿无形中的举动的确就能影响人们并改变他们的行为。

2013年，我在与塞勒共同制订这项"智慧型计划"的学者贝纳茨手下担任顾问。得益于此，我能经常接触到这项计划的成果。成果显示，引入"自动加入"机制的公司数量从2003年的14%上升到了2011年的56%，个人平均养老金缴费比例也在短短四年内从3.5%上升到了13.6%。

如上所述，传统经济学是"理想化"地来看待人类，认为人类"应该而且确实会做出正确的事"。而行为经济学则具体地阐明和理解人类的"实际行为"，甚至还能改变人类的非理性行为。

"既然行为经济学如此有效，那我们就应该加以利用！"

因此，随着人们对行为经济学的认识不断加深，它在美国的实际应用也越来越广泛。

美国总统奥巴马连任与行为经济学

实际上，奥巴马第二次赢得总统大选也与行为经济学有关。该事件能与"智慧型计划"齐名，并称为普及行为经济学的大事件，特别值得一提。

在与希拉里·克林顿激烈角逐后，奥巴马成功当选民主党总统候选人。作为"继停滞不前的布什政府后上台的年轻总统"，社会对他期望甚高。最重要的是，作为"美国第一任黑人总统"，他的首次当选令全美国乃至全世界为之瞩目。可以说，他的当选也正是得益于此。

然而，如果他"再次当选"，所面临的局面将会发生翻天覆地的变化。如果他真的执掌国家大权，那势必会面临包括对其经济政策的不满在内的种种批判。在此种情况下，他究竟如何保住总统的宝座？

2012年，凭借行为经济学这一关键策略，奥巴马成功实现连任。

为了在激烈的选举战中夺取胜利，奥巴马竞选团队力邀著名行为经济学家和数据科学家大卫·尼克森加盟。他们准备利用行为经济学来争取选票。

竞选的关键在于"浮动选票"。

"我支持民主党，所以我想投票给奥巴马；但我也有可能根本不去投票……"

即便是在选举活动热火朝天的美国，人们也和日本一样忙碌于自己的生活。因此，会有很多人本来打算去投票，却因临时有事而放弃投票权。而恰恰是这些在"要不要去投票"的问题上摇摆的"浮动选民"，左右了最终的选举结果。能否争取到他们的选票，就决定了整个政党的命运走向。

奥巴马是民主党人，因此他的支持者主要是"自由派"选民。尼克森等人首先利用数据科学确定了许多自由派"浮动选民"的居住地，利用行为经济学制定了相关策略来排除促使他们不去投票的因素。

该策略出乎意料地简单，他们向"浮动选民"询问了以下三个问题：

- 选举当天，你打算几点去投票？（时间）
- 选举当天，你从哪里出发去投票？（地点）
- 在去投票之前，你还准备做其他事情吗？（事前计划）

重要的是，只需要他们"聆听"这些问题。只是聆听，就能促使他们在脑海中描绘当天去投票的过程。这样一种简简单单的小方法，就能够打消他们心中会导致不去投票的种种缘由。

正是这种基于行为经济学制定的策略，在帮助奥巴马实现连任上发挥了重要作用。一时间，也在行为经济学学界广为人知，传为美谈。

数年后的 2017 年，大力提倡行为经济学理论的经济学学者理查德·塞勒荣获诺贝尔经济学奖，其著作《助推》也畅销世界。

就这样，凭借"智慧型计划"所缔造的前所未有的成功和在奥巴马连任中发挥的重要作用，行为经济学迅速得到了商界的广泛关注。

为什么网飞会自动播放下一集

如今，我们生活在行为经济学大范围普及的当下，身边的许多产品和服务中都已经融入了行为经济学。要说谁运用行为经济学的成效最为显著，那当属 FAANG。

例如创办于 1997 年的视频播放平台网飞，最初是一家从事碟片租赁业务的公司，于 2007 年进军视频播放行业。目前，网飞已拥有超过 2 亿用户，成长为一家巨型 IT 企业。而它取得成功的一大关键，就是有效利用行为经济学而研发的推荐功能。

为了给不同年龄、不同性别、不同国籍、不同喜好的用户推荐他们可能会感兴趣的视频，流媒体视频平台必须要囊括数以百万计的内容量。而这些庞大的内容量对企业的营销战略也必不可少。

但如果内容太多，用户就可能面对难以选择的困境，这时又该怎么办呢？要解决这一问题，就需要用到行为经济学。

网飞用户应该都很熟悉，如果自己点开软件登录账号，立马就会出现一连串的推荐视频。用户可以观看软件的推荐视频，而软件还会继续推荐与当前播放视频相关联的其他视频。这样一来，用户就可以一个接一个地点击自己喜欢的视频观看，无须自己花费太多心思去寻找。此外，用户使用该软件越多，软件就能收集用户越多的喜好数据，借此提升推荐的精确度。

传统经济学假设个人是理性的，因此认为"一个人拥有的信息和选项越多越好"。而消费者自身的显性意识也认为"选项越多越好"。

然而，行为经济学对此解释认为："若是信息太多、选择太多，人们不仅无法做出最佳决策，甚至会变得难以做出决策。"换言之，人们会陷入"信息过载"和"选择过载"状态，这部分内容将在第 2 章中详细阐述。

因此，网飞在准备好数以百万计的内容这一基础上，又对其进行了优化，使得用户所看到的只有适量的信息和选项——这就是网飞的推荐功能。

亚马逊和迪士尼等企业的播放服务也是如此，第一集播放完毕后会自动开始播放第二集。但在大家还要用 DVD 观看影片的时代，每次播放都需要自己操作，也由自己决定是否要继续观看。在那种环境下，人们选择继续观看的可能性要比现在更小。

但是，如果视频自动继续播放，人们就很有可能会继续使用该软件观看下去，并且认为看完第一集就看第二集是理所应当的——这就是所谓的"现状偏差"，人们会倾向于维持现状。火爆全球的抖音（TikTok）也在使用这个原理。

传统经济学认为人类会理性、冷静地做出决策，但事实上，人类是非理性的。这些公司就深谙此道，并成功地将人类的非理性特质运用到了业务之中。

隐藏在星巴克积分"星星"背后的目标梯度效应

除了 FAANG，从食品行业到医疗制药行业，已经有诸多大型企业将行为经济学融入其业务之中。

例如星巴克的移动端应用程序，就是充分运用行为经济学设计而成的。

其中"星星"积分系统尤为引人注目。顾客最高可达到"金星级"，从而有权优先购买新品，在生日当天获赠生日礼。最重要的是，星巴克的高等会员级别能给顾客带来一种优越感。这是一种利用行为经济学"积极情绪"理论而制定的战略，将会在第 3 章进行详述。

航空公司、酒店等诸多企业都推出了类似的会员等级系统，但星巴克的系统尤为不同。"星星"积分系统会通过移动端的应用程序发送信息提醒顾客，如限时优惠"仅剩 4 天"，又如"就差这么点星星就能到金星级啦"，以此显示顾客离最高等级是如此之近。

从行为经济学的角度来看，这是对"目标梯度效应"的一大应用。"目标梯度效应"告诉我们，越是接近目标，人们的意愿会越强。而推出限时优惠和逐步升级的会员体系也是一种"游戏化"，是电脑游戏理论在商业中的应用体现。

此外，星巴克的会员星级进度条也巧妙地用了一些小技巧。进度条上，25颗星星到50颗星星之间的距离和200颗星星到400颗星星之间的距离相同。从制表角度来看，25和200长度相同是一种显而易见的错误。但从行为经济学的角度来看，这却是一个极好的策略。顾客在做出判断时，往往只是简单地扫一眼，并不会仔细研究。因此，他们会误以为"已经有50颗星星了，再收集一点就能升到最高级"。可实际上，要想升到最高级别，要收集的星星远远不止50颗，甚至多达400颗。

这就是为什么星巴克的"星星"积分系统能够吸引众多顾客。

许多企业试图通过了解人们的非理性决策和行为机制来赢得竞争优势，因此将自己对行为经济学的运用视为商业机密，对外三缄其口。换言之，行为经济学就是他们不想让消费者知晓的"公开的秘密"。

然而，当你学习了行为经济学之后，就会立刻发现身边种种服务的背后有着行为经济学的影子。不仅仅如此，如果你学习了行为经济学，也就学会了用另一种角度观察世界。

如今，各大企业纷纷制定战略、龙争虎斗。如果你学会了行为经济学，就再也不会像以前那般对事物抱有天真的看法了。

- 作为消费者，你可以擦亮双眼，不再被企业的种种战略所迷惑。
- 作为企业方，你可以运筹帷幄，让自己的商品和服务更具吸引力。

这就是商业人士学习行为经济学的原因所在。

传统的行为经济学缺乏系统性

罗列理论而不对其进行分类，难以掌握学科精髓

结束博士后生涯后，我在美国创办了一家自己的咨询公司，并且很快就接到了大量邀请，希望我能利用自己的行为经济学知识为他们提供咨询和建议。作为一家初创公司的管理者，我自然对此种欣欣向荣的景象喜不自胜。但在实际工作过程中，我却感到了一些违和感。

"行为经济学到底是什么样的理论，到底有什么样的作用，大家似乎都不甚了了。我们所学到的行为经济学，好像就只是杂乱无章的各种知识。"

我的心中涌现出了这般疑惑。

图 0-3 是序言中"传统的行为经济学学习方法"一图的放大

版，更加清晰易读。看到这张图，你或许也曾听说过其中的几种理论。然而，很少有人了解它们的具体内容，很少有人将它们作为"素养"而非单纯的"知识"来掌握，也很少有人能与他人就此侃侃而谈。

计划谬误
心理控制感　不确定性原理
信息过载
拓展-构建理论　框架效应
诱饵效应　助推理论
不流畅效应　积极情绪　启动效应
锚定效应　自制偏差
具身认知　心理所有权
系列位置效应　消极情绪
无现金效应　边缘效应　目标梯度效应
心理账户
确认性偏差　在场效应
双重过程理论　真相错觉效应
冷热移情差距　解释水平理论
情绪理论　充足理由律
享乐适应　概念隐喻
热手效应

没有系统化
只是杂乱无章的"理论"清单

| 只能死记硬背 | 无法掌握精髓 |

图 0-3　传统的行为经济学学习方法

原因很简单，这些理论没有进行分类，只是单纯地罗列在我们面前。如果你曾经学习过行为经济学，那你应该是先从这些杂乱无章的理论中捡出一个来记忆，然后是下一个，再下一个，只是死记硬背着这些彼此间毫无关联的理论。这就像学生时代背英语单词一样，不仅很难记住，过程还很痛苦。

如果像图 0-3 中所示，只有一些行为经济学的皮毛零零散散地迅速传播开来，那么很多人就有可能误以为自己真的学懂了行为经济学。

举个例子，如果只是知道"人有现时偏见，会更重视眼下的事物而非新事物"，那么对这个问题的理解就会流于表面。

首先，我们必须理解行为经济学的"本质"，清楚行为经济学究竟所谓何物，然后要将这一本质与各个理论有机地联系起来。只有这样，单纯的"知识"才能够转化为我们自身的"素养"。也只有这样，才能理解究竟要怎样做才更好，并在此基础上做出行动。

行为经济学的研究成果博大精深，只有掌握其本质并系统地进行理解，才能明白人们为什么会有这样或那样的行为，才能明白种种人类行为如何影响经济。

行为经济学仍是一门至今尚未系统化的新学问

那么,为什么行为经济学没有像其他学科那样系统化呢?这是因为一门学科的系统化需要很长的时间。

创业后,经常有客户要求我以一种更容易理解,或是让他们能够更容易掌握、运用的方式来教授行为经济学。

"行为经济学的理论实在是太多了,初听还以为自己都懂了,但很快就都忘光了。相良博士是这个领域的专家,您能不能把这些理论快速地、系统地给我讲讲?"

自创业之初就在自己心中隐约闪烁的顾虑就这样一下子摊开摆在了我的面前。

行为经济学的专家都认为行为经济学很难实现系统化,可能再过几十年也看不见这缕曙光。其因有二,一是行为经济学还是一门非常年轻的学科,在实现系统化之前还须相继发表众多新理论;二是行为经济学是经济学和心理学的融合,将经济学和心理学这两门学科进行系统化整合是一项相当艰巨的任务。

此外,经济学和心理学的研究方法也大相径庭。传统经济学领域的专家基于"人是理性的"这一假设来阐述"人们应该这样行动"的相关理论,而心理学家则分析我们人类的真实行为。两者就像水和油一般互不相容,难以找到让双方都信服的折中方案。就这样,时间一点点地流逝。

首本系统整理介绍行为经济学的入门图书

行为经济学，阐明人类"非理性决策机制"的学问

如果置身于大学这个学术世界，那么就会知道"系统化相当困难"是大众共识。但我身处实业界，客户就是上帝。客户想要"系统化"，那我也只能尽力而为，哪怕是开玩笑也不能真的说"我做不到"。于是我把目光投向了自己昔日的研究伙伴，如今分别在耶鲁大学和杜克大学任教的两位行为经济学教授，希望能向他们请教半小时。

"奈美香，你没开玩笑吧？你想在下周之前就把行为经济学系统化？"

经过一番激烈讨论，两位学术界人士给出了这样的回答："绝对不可能！要实现系统化得再花上一百年的时间。"

对于学术界的研究人员来说，短时间内实现行为经济学的系统化简直是天方夜谭。按照他们的常识，必须要将成百上千条理论一一进行检验，绝对不可能一蹴而就。换言之，研究人员和商界人士的看法和观点大相径庭——而这也是行为经济学尚未实现系统化的另一大原因。经过一番深思熟虑，我决定自己一个人大干一场，实现行为经济学的系统化。但我要做的，不是学术层面的系统化，而是面向商界人士的系统化。

要使其系统化，首先必须明确这门学科的"本质"。所谓"本质"，就是对"简而言之，行为经济学到底是什么"这个问题的回答。正如前文所述，行为经济学就是阐明人类"非理性决策机制"的学问。

为什么我们会如此定义行为经济学呢？接下来让我们再回顾并整理一下这背后的原因。

序言中曾提到，行为经济学是一门理解人类行为的学问。尤其是在经济（商业）领域中，这门学问试图阐明"人们为什么会有这样的行为"的相关原理。

正如前文所述，"行为"实际上源于"决策"。例如你打开网飞想看一部电影，无论你是有意识还是无意识打开网飞的，这一行为都是"想打开网飞看看"这一决策所带来的结果。而你打开网飞后又点击一部电影打算看看，那么你点击这部电影的行为也是"看看这部电影吧"这一决策所带来的结果。行为源于决策，如图 0-4 所示。

图 0-4　行为源于决策

如上所述，人类行为其实就是一连串的决策。了解"为什么人们会做出这样的决策"这一机制后，我们就能明白"为什么人们会做出这样的行为"。正是基于这一逻辑，我曾在序言中说，行为经济学可以理解行为背后的原因。决策是行为的前一步，通过阐明其原理，我们就可以理解行为背后的原因。

此外，在说明传统经济学的局限性时，我们也曾提到过"人类是非理性的"。如果人类足够理性，那么就不会在忙碌的生活中抽出时间漫无目的地流连于各种视频。人类就是这种总爱做出"非理性行为"的生物，也就是说只会做出"非理性决策"。

而行为经济学就是阐明人类这种"非理性决策机制"的理论集合。关键在于，这些理论都是经过实验证明的科学理论。正因如此，它们可以被称作"客观原理"，适用于所有人。

实际上，我们的生活就是一系列"非理性决策"

非理性行为在商界中也很常见。

例如有这样一家公司，曾花费长达两周时间将董事会会议记录——邮寄给董事并加盖公章。

为了使这一过程更快捷、更环保，该公司决定引进"电子签名软件"，可以在线查看记录并签名。从传统经济学的角度来看，这是一个非常理性的决定。然而，平时都在电脑上工作的董事们却不愿意改用电子签名软件。

"没有纸质版我怎么好好读啊？"

"我们还是应该保留纸质文件。"

他们给出了种种意见，认为还是原来的纸质版更好。

但当公司正式下达指令，引入可以让大家在线查看记录并签名的"电子签名软件"时，所有疑虑和意见都烟消云散。"电签名软件"能实现即时查看的这一优势甚至让一些董事感叹"要是早点引入就好了"。

为什么董事们起初不愿意改用电子签名软件呢？其中一大原因就是行为经济学中概括的"现状偏差"。出于规避损失的心理，比起优点人们往往更加关注缺点。因此，他们做出了实际上会耗费更多精力和金钱的非理性决策："既然已经这样了，那么就继续下去吧。"

换言之，按照传统经济学的思维方式，电子签名既环保又便捷，改用电子签名非常合理。然而行为经济学则不同，行为经济学认为人类在实际情况中会受到现状偏差和损失规避的影响，从而选择墨守成规保留纸质办公方式。

由此可见，了解"非理性行为"前一步的"非理性决策"的机制，是改变人们实际行为的关键。

作为一名顾问，我也曾利用行为经济学来理解这种行为背后的机制。我的研究对象涉及客户的顾客和合作方，也涉及他们的员工。客户希望了解如何才能恰当地打动这些利益相关者，而这正是了解人类行为机制的成效所在。

如果不了解电脑的工作原理，就无法理解电脑并改进其功能。人类行为也是如此，只有了解人类的决策机制如何运转，才能改变人类的行为。

决定"非理性决策"的三要素

人们做出"非理性决策"的机制中主要有三大要素，分别是"认知习惯""环境"和"感情"。正因有这三大要素，我们才会做出非理性决策。

图 0-5 是序言中"本书中的行为经济学学习方法"一图的放大版，更加清晰易读。该图以"非理性决策机制"这一行为经济学的本质为中心，将影响人们"非理性决策"的内容总结为三大要素。同时，将此前混乱无序的各种理论分别划归这三个要素。通过系统化的归纳行为经济学的"本质"，并划分为三个要素，我将之前杂乱无章的各种理论有机地联系在了一起。

接下来，让我们根据这张图逐一解释这三大要素。

要素①：认知习惯

首先是"认知习惯"。"认知习惯"关乎"人的大脑如何处理输入的信息"，也可以理解为"大脑处理信息的方式"。

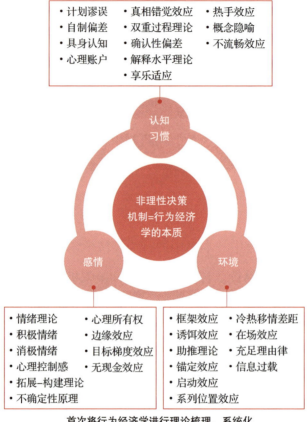

首次将行为经济学进行理论梳理、系统化

图 0-5　本书中的行为经济学学习方法

如果人类的大脑能够直截了当地接受输入的信息，我们的行为就会非常理性。

然而，现实要棘手得多，我们的大脑处理信息的方式会出现扭曲。这种"认知习惯"会促使我们以扭曲的方式处理信息，从而导致"非理性决策"。

"认知习惯"要素中极具代表性的理论就是"双重过程理论"（系统 1vs 系统 2）。

相关内容将在第 1 章中详述，此处先做一些简要介绍。简而言之，所谓的"系统 1"就是直觉，"系统 2"就是逻辑。"系统 1"会让人们根据直觉做出决策，而"系统 2"会让人们根据逻辑做出决策，人脑在处理信息时会在不同情况下分别使用这两种系统。这就是所谓的"系统 1vs 系统 2"。

在使用"系统 1"时，人们不会仔细思考，而是快速掌握和判断信息。因此，人们不会对所有的可用信息进行深入思考，而是根据直觉或情感等少数信息使用启发式方法，即所谓的"认知捷径"。

而在使用"系统 2"时，大脑会不吝精力处理信息，并结合以往的经验对信息进行思考、分析，然后掌握信息，做出判断。此处的关键在于"慢慢"思考。

而前文中所介绍的卡尼曼也注意到了这两者在思考速度上的

差异，他将这两种系统称为"思考的快与慢"，同名著作在日本大受欢迎。

那么，为什么"系统1 vs 系统2"会导致人们的判断出现扭曲呢？关于这点，有一个非常著名的实验——"巧克力蛋糕和水果沙拉实验"。

受试者被分为两组，A组被要求记忆两位数的数字，而B组被要求记忆七位数的数字。研究人员告诉受试者"这是一项有关记忆力的研究"，于是受试者都开始努力记忆数字。尤其是B组的受试者耗费了更多精力来记忆七位数的数字。

"辛苦了。我们的实验还在进行中，但为了表示感谢，我们准备了一些食物，请尽情享用。"

桌上有巧克力蛋糕和水果沙拉两种食物。我们先看实验结果，在记忆两位数的A组受试者中选择水果沙拉的人更多，而在记忆七位数的B组受试者中选择巧克力蛋糕的人更多。

这是因为A组的受试者仅需记忆两位数，记忆内容比较简单，所以还有余力来思考其他问题。因此，他们更多地运用了促使人仔细思考的"系统2"，做出了"理性选择"，选择了更加健康的水果沙拉（近期有一些关于水果含糖量高的争论，我们不能直接断言水果就是健康的，但在美国一般认为水果沙拉比巧克力蛋糕更健康）。

然而，B组的受试者背负着记忆七位数的重担，他们没有余力再来思考其他问题。因此，他们在"系统1"的驱动下自然而然地、迅速地做出了决定。正如大家所见，他们之中更多人做出了"非理性选择"，选择了热量更高的巧克力蛋糕。

但我们不能就因此武断地认为"系统2"好、"系统1"不好。如果我们没有能促使自己迅速做出判断的"系统1"，那么大脑就需要思考过多的内容，最终过载瘫痪。因此，不会给大脑带来过多压力的"系统1"至关重要。

反过来看，如果"系统1"运用在了不恰当的场合，那么就会导致人们做出错误判断，这种情况十分常见。换言之，我们的生活中有适合运用"系统1"的情况，也有适合运用"系统2"的情况。关键在于我们要知道自己脑中有两个系统，并恰当地采取行动。

第1章将探讨这类归属于"认知习惯"的行为经济学理论。了解客户、同事、上司和自己的"认知习惯"，将有助于你做出更理性的决策，采取更理性的行为。

要素②：环境

前文中提到的"认知习惯"是发生在人类大脑中的活动。也就是说，大脑中本身就存在一种导致我们做出非理性决策的机制。它发生在大脑内部，就意味着我们的决策无法摆脱"认知习惯"。因此，可以说"认知习惯"是三大因素中最根本的因素。

然而，还有一些在大脑之外的因素会导致人类做出非理性决策。人类的决策深受周围"环境"的影响。

传统经济学建立在"人类不受环境左右，总是会做出理性的决策"这一假设上，而我们自己也往往会认为我们是在自主做出决策和采取行动，我们可以掌控自己的生活。然而，行为经济学的研究颠覆了这一看法。

"人类在环境的影响下做出决策，其行为也会受到环境的影响。"

这一点已被成千上万的研究加以证明，而我们自以为拥有的"能动性"其实只是镜花水月。"我刚刚的行为都不像我自己了""我怎么就选了 B 没选 A 呢"——想必你也有这种事后回想起来觉得不对劲的时候吧。

这说明我们不是在"独立自主"地决策，而是被周围的环境裹挟着被迫做出了决策。正因如此，如果我们没有意识到这一点，就会做出"非理性决策"。换言之，环境的些微变化都会影响我们的决策。

"环境"要素下，有一大著名行为经济学理论叫作"选择架构"（Choice Architecture）。该理论认为可以通过操纵环境来引导人们朝着自己想要的方向前进。

例如有一家餐厅想在自己提供的几种午餐套餐中大力推销 B 套餐，那店家就可以通过把 A 套餐设置为昂贵菜品，把便宜的 C 套餐设置为奇怪菜式来诱导人们自然而然地选择 B 套餐。这就是一种通过故意改变各种选项所营造出的"环境"，来引导顾客选择 B 套餐的方案。

第 2 章将探讨这类归属于"环境"的行为经济学理论。你可以了解到自己在不知不觉中受到了何种环境的影响，以及如何反向利用这一点在无形中巧妙地影响他人。

要素③：感情

我们的决策无法摆脱"认知习惯"。而当我们做出决策时，还会受到周围"环境"的强烈影响。在这两大要素之外，还有一个影响人类做出"非理性决策"的因素——"感情"。

传统经济学认为人是理性的，因此他们的行为不会受到感情或其他因素的影响。

但想必大家都有过这样的经历：焦虑的浪潮席卷心头，让自己心有余而力不足；极度的愤怒冲昏头脑，让自己犯下了不可能的错误，人际关系也陷入困境。如果人类足够理性，那么就不会被感情左右，从而总是能拿出最佳成果，在商界的种种人际关系也处理得游刃有余。但我们常常会在无意间被感情驱使，导致"得不到最好的结果"和"人际关系破裂"等非理性的结果。

人类的感情最初诞生于进化的过程中。对未来可能出现食物短缺而产生的焦虑，会促使我们提前为此做好准备；而心头的愤怒，则有利于我们常备不懈抵御外敌。

但是，我们如今所处的时代发生了改变。"感情"原本都是有用之物，现在却被划分为"有用的感情"和"麻烦的感情"。

如何利用这些"有用的感情"来激励自己和他人？反之，如何控制"麻烦的感情"来促使自己的业务朝着正确的方向发展？

了解这些将有助于你做出更好的决策，并将其运用到业务之中。

除了那些我们自己可以明确意识到的"感情"，行为经济学还有助于我们了解那些尚未达到喜怒哀乐境界的"微妙的情感"如何深刻地影响个人决策。这一点堪称奥妙无穷。

第3章总结了行为经济学中与"感情"相关的理论，将告诉你如何不被那些形影不离的感情所左右，做出正确的决策。此外，你还可以了解到经济如何受人们的感情驱动。

首次将主要理论进行梳理、系统化

以上三类行为经济学理论涵盖了影响人类决策的所有因素。了解了它们，你就可以解决自己"知而不解"的问题，进一步加深对其理解，将行为经济学内化为自身的素养。

此外，如果按影响大小排序，应该是"认知习惯"大于"环境"，而"环境"又大于"感情"。正如前文所述，"认知习惯"根植于大脑内部，人们常常受到其影响。同时，"环境"也时时伴随我们左右。"感情"则不同，强烈的感情影响较大，而平静的感情影响较小。因此，就影响频率而言，"感情"要少于其他两类。

但除了影响频率，变化幅度也很重要。其中，"感情"带来的变化幅度较大，在被感情冲昏头脑时，我们可能会做出在冷静时不可能做出的决策。而"认知习惯"每时每刻都影响着我们，导致我们决策发生变化的"变化幅度"较小。

通过方才的介绍，想必你已经明白，这三类因素在大多数情况下相互关联、彼此构成了错综复杂的关系。

例如，当你悲痛欲绝或勃然大怒时，"感情"将成为影响最大的因素；当你身处疫情肆虐这一极端状况下时，"环境"带来的影响将会最大化；当你忙上加忙、疲惫不堪，或是睡眠不足、饥肠辘辘时，你的决策就更容易受到"认知习惯"的影响。而在大多数情况下，你会受到这三种因素的综合影响，它们有多有少、有高有低——而这正是人类的特征。

从第 1 章开始，我将根据自己作为研究人员对行为经济学的见解，以及为近百家美国知名公司提供行为经济学相关咨询的经验，对每种理论进行详细说明。

这本书并不止于"单纯的知识"，而是将学术界和商界的精华有机结合起来，帮助你将行为经济学内化为可实际应用的"素养"。我相信，这就是我这样一个转投商界的行为经济学研究者可以发挥的作用。

SUMMARY
小　结

- 行为经济学是一门新兴学科,已经孕育了三位诺贝尔奖得主。
- 行为经济学是经济学与心理学的融合,诞生于传统经济学认为"人是理性的"这一局限中。
- 简而言之,行为经济学就是"研究人类'非理性决策机制'的学问"。因此,行为经济学能够使我们理解"为什么人们会有这样的行为",从而帮助我们采取相应的对策。
- 传统行为经济学的理论杂乱无章,我们只能将这些彼此毫无关联的理论逐一地死记硬背。因此,很多人表示"记不住""把握不了精髓"。
- 本书将影响人类"非理性决策"的因素分为"认知习惯""环境"和"感情"三类,并把行为经济学的各个理论分别归类其中。
- 通过将行为经济学的各个理论分别划归这三大类,并使之系统化,将以往互不相干、杂乱无章的各个主要理论有机地联系了起来。

| 第 1 章 |

认知习惯

大脑的"认知习惯"会影响人们的决策

概述 & 测试

在第 1 章中,我们将介绍导致人们做出"非理性决策"的三大要素中的"认知习惯"这一要素下的相关理论。

正如前文所述,人类的大脑具有令人棘手的特性,并不会原原本本地处理信息。

那么,大脑是如何处理输入信息的呢?处理信息时,又是什么样的"习惯"导致人们做出"非理性决策"呢?"认知习惯"其实就是指大脑处理信息的方式。

在正式进入第 1 章之前,我们先来了解一下本章的概况。第 1 章主要分为以下四节内容。

(1)认知习惯究竟来源于什么?

虽然大脑处理信息的方式不止一种,但有一种思维模式处于核心地位——那就是前文曾提到过的"双重过程理论"(系统 1vs 系统 2)。

在第 1 节中,你可以学到"系统 1vs 系统 2"这一最基本的"认知习惯"。这一概念与整个行为经济学息息相关,希望你能够充分理解并掌握。

（2）"系统1"会创造更多的认知习惯。

"系统1 vs 系统2"是最基本的"认知习惯"。其中，"系统1"经常导致人们做出非理性决策。

更麻烦的是，这不仅是一种认知习惯，而且与多种不同的认知习惯紧密相关。"沉没成本""机会成本""热手效应"等都是与"系统1"密切相关的"认知习惯"，本节中将对其进行详细介绍。

（3）五感也是"认知习惯"。

无论是第1节中的"系统1 vs 系统2"，还是第2节中的"系统1"所产生的其他"认知习惯"，都是主要只发生在大脑内部的认知方式。

然而，大脑和身体其实是相通的，大脑也有视觉、触觉、听觉、嗅觉、味觉这五感和感受外界冷热的"身体认知"。我们以为这一切都只由自己的大脑决定，但实际上，我们也会通过身体接收到许多信息。

大脑对身体信息的认知也有其"习惯"，本节中将通过介绍行为经济学领域的一些代表性理论来说明此点。商品包装上标识的位置等我们身边的商业行为的背后，也隐藏着基于身体的"认知习惯"而制定的企业战略。

（4）"时间"也是一种"认知习惯"。

人类是复杂的，"时间流逝"也会影响我们大脑处理信息的方式。

举个例子，"现在的自己"和"未来的自己"本应是同一个自己，但我们往往会将"未来的自己"视为与"现在的自己"不同的一个人。这就是为什么在购买同一种产品或服务时,现在购买或几个月后购买这一时间上的不同会导致我们是否购买以及最终购买的商品发生变化。这就是时间上的"认知习惯"。

了解时间如何影响人类的"认知",可以帮助你明白如何反向抓住消费者的心,如何利用自己的工作时间来提高工作效率。

以上四节构成了第 1 章的主要内容。

在正式进入第 1 章之前,我们先来做一个关于"认知习惯"的小测试。请先思考完这个问题,再看接下来的内容。

测试

棒球棒和球一起卖 1 美元 10 美分。

棒球棒比球贵 1 美元。

如果分开购买,那么棒球棒和球的价格各是多少?

认知习惯究竟来源于什么

你可能瞬间就回答出了开头那个小问题，但实际上这道题的正确率非常低。

"棒球棒1美元，球10美分。"

如果你马上给出了这个答案，那么就犯了和美国顶尖大学的学生一样的错误。

正确答案是："棒球棒1美元5美分，球5美分。"

本来稍加计算就能得出正确答案，但人们用依靠直觉的"系统1"给出了"1美元10美分减去1美元等于10美分"这个错误答案——这就是"认知习惯"导致的非理性决策。

这个测试的正式名称是CRT（认知反应测试），由耶鲁大学行为经济学教授谢恩·弗雷德里克设计而成。我也曾在学会上与他有合作。对于这个问题，你需要先条件反射地给出"棒球棒 1 美元，球 10 美分"这一错误答案，再自我检查这一答案是否有误，将"直觉得出的答案"和"计算得出的答案"进行比较，才能选出正确的答案。

弗雷德里克在测试中给被试者安排了三个类似的问题。结果显示，成绩最好的是 MIT（麻省理工学院）的学生，平均分达到了 2.18 分（满分 3 分），48% 的学生全部回答正确。其他学校学生的成绩相差不大，普林斯顿大学学生平均得分 1.63 分，26% 的学生全部回答正确；哈佛大学学生平均得分 1.43 分，20% 的学生全部回答正确。

大脑的两种思维模式：双重过程理论（系统 1 vs 系统 2）

人脑在处理信息时会使用两种思维模式，这两种模式分别被称为"系统 1"和"系统 2"。卡尼曼将凭借直觉瞬间做出判断的"系统 1"称作"快思考"（fast），将耗费时间进行深入思考和仔细分析后再做出判断的"系统 2"称作"慢思考"（slow）。"系统 1 vs 系统 2"是导致"认知习惯"的理论中最为基本的一个。

稍微讲一下题外话，在我读研究生时，有不少同学常常忘记究竟哪个是"系统 1"、哪个是"系统 2"，而我也曾是其中之一。

但自从一位前辈告诉我"系统1是第一快的,所以它指直觉;系统2更慢一些,是第二快的,所以它指仔细思考"后,我就再也没有忘记过。在此略提一下,希望大家都能记住。

言归正传,"系统1"虽指直觉,但也会用到以往的经验。例如"下午开会会犯困,那就去买杯咖啡",就是根据商界人士的经验做出的决策。

但有时也与我们的经验无关。例如有同事点了一杯调配咖啡,那么自己在被问到要喝什么时可能会条件反射道:"我也要这款调配咖啡。"这个时候你就完全没有考虑到提神、会议等问题,只是单纯点了和同事一样的东西。

"系统2"则恰恰相反,它会在集中思考后再做出决策。例如在看到方才小测验中的问题时会仔细计算"棒球棒和球的价格相差1美元,所以……",又如在"系统1"告诉自己"喝杯咖啡吧,防止下午开会犯困"时,会想到"等一下,从早上到现在已经喝了两杯咖啡,喝太多可能会胃痛,还是喝水吧,下午见客户时再喝咖啡"等一连串事情,然后再做出决策。

"系统1"会根据直觉迅速做出"下午会犯困所以喝咖啡"这一判断,而"系统2"则综合考虑了种种因素——早上喝咖啡的量、晚上再喝咖啡的可能性等未来可能会喝的咖啡的量、咖啡喝多了不好等对健康的影响，最终决定"还是喝水吧"。这就是一种精度更高的决策。

当我们讨论这个问题时，也有人会问："那么'系统1'和'系统2'是轮流参与决策的吗？"事实上，这两个系统在潜意识中是彼此联系、同时作用的。

打个比方，我们的大脑中始终存在黑白两色，但它们在大脑中的分布和比例会不时发生变化，有时会呈现深灰色，而有时又会呈现浅灰色，并不存在非黑即白的情况。"系统1"和"系统2"也是同理。

人们在何时会倾向于使用"系统1"

虽然人们在做决策时默认使用"系统1"，但这并不意味着"系统2"就比"系统1"更好。如果要心算1425乘以79，那当然需要仔细计算；但如果只需要算1加1等于多少，那肯定是瞬间给出答案"2"，不必去计算会更好。究其原因，如果你事事都深思熟虑，那就无法做出任何决定。

"早饭吃什么？酸奶？烤面包？还是米饭和味噌汤？"——如

果你每天早上都这样苦苦思索，那么就算有再多的时间也不够用。

"我的胃今早情况如何？昨晚吃了日料，要不今早吃烤面包吧。可近一周我都没有跑步锻炼，应该少吃点碳水化合物。而且最近天气不好，要不要多吃点富含维生素 D 的食物呢……"

早餐吃什么，今天穿什么衣服，上班是打车去还是坐公交去，工作要怎么做——事事都仔细思考的话只会让自己一筹莫展，有很多事还是交给"系统 1"来做决策会更好。

如果什么事都用"系统 2"来加以考虑，那么你的大脑最终只能因过载而瘫痪。"系统 1"并非无用之物，它是人类所必备的思考模式。

然而，正如本节开头的棒球棒和球的价格问题一样，"系统 1"的即时决策往往会导致臆想和偏见，进而使我们做出错误的决策。因此，了解人们何时倾向于使用"系统 1"，可以帮助我们避免做出错误的判断。

有研究揭示了人们何时倾向于使用"系统 1"，主要可概括为以下 6 种情况：

- 疲惫的时候。

- 面对的信息量和选项过多的时候。
- 时间不够的时候。
- 动力不足的时候。
- 信息太简单、过于熟悉的时候。
- 缺乏精力和意志力（will power）的时候。

研究表明，人们在忙碌或信息过多时，往往会采用"系统1"来做出决策。而几乎所有商界人士平时都很忙碌，且经常接触大量信息。换言之，注意力这一驱动"系统2"发挥作用的引擎时刻处于危险之中。

此外，当人们习惯了自己的工作后，就往往会犯错。因为这时人们会松懈下来，不再严谨认真地去做，而是只采用"系统1"。

"在高度发达的信息化社会中，人们的注意力就是财富，吸引注意力就能创造价值。"

20世纪70年代，心理学家、经济学家赫伯特·A·西蒙如此描述"注意力经济"（attention economics）。而信息经济指当今信息化社会中以社交网络上的粉丝数量来衡量个人价值的状况，该词诞生于半个多世纪前，且这种状况如今正愈加显著。

荣获 1978 年诺贝尔经济学奖的西蒙还指出："丰富的信息会导致注意力贫乏。"而许多研究人员也提出了类似的观点。

如今，我们生活在一个促使我们倾向于使用"系统 1"的环境之中。我们必须要认识到这一点，并且多加注意。

阻碍"系统 1"的"不流畅效应"

除了多加注意，我们还能够利用"不流畅效应"来消除"系统 1"带来的影响。

"流畅"意味着"没有阻碍"。"不流畅"则与之相反，是指敢于通过制造"阻碍"使"系统 2"发挥作用。

我在博士毕业论文中也论述了相关内容，通过运用阅读难度较高的字体和字号制造"不流畅效应"。

"行为经济学在商业领域非常重要。本书将行为经济学系统地划分为认知习惯、环境和感情三类，帮助读者理解行为经济学的本质、全面地学习行为经济学。它不仅能帮助你了解自己，还能帮助你了解你的同事、上司和客户。"

如果用这样普通的字体和标点符号来写作，那么读者在阅读时就会感觉这像是前文的重复，只是草草地读了过去。这时，正在运转的就是"系统1"。

但是，如果我们用阅读难度较高的字体和标点符号来写会如何呢？

"行为经济学在商业领域非常重要。本书将行为经济学系统地划分为认知习惯、环境和感情三类，帮助读者理解**行为经济学的本质**、全面地学习行为经济学。它不仅能帮助你了解自己，还能帮助你了解你的同事、上司和客户。"

因为文段中的字体突然发生了变化，所以阅读的流畅性受到了影响。你无法再草草地读过去，而是会被吸引注意力，去想："这里是在写什么呢？"这时，"系统2"就开始发挥作用，你就能仔细认真地阅读这段内容。

但是，如果不考虑前文中所概括的6种情况，那么无论增加多少"不流畅"的部分，都无法起到很好的作用，甚至可能会产生负面影响。这一点一定要多加注意。

"系统1"会创造更多的认知习惯

"10美元的剧场票"与"心理账户"

作为该领域的专家，我想提醒大家注意一点，那就是并非所有决策都可以清晰地划归"系统1"或"系统2"。如上所述，这两个系统是同时发挥作用的，彼此之间有着错综复杂的联系。

然而，即便清楚这一点，读者朋友们可能还会感到困惑。要在实践中充分利用双重过程理论（系统1 vs. 系统2），是不是只要了解"人类的非理性决策大多与系统1有关"这一点即可呢？

事实上，许多研究已经证明，"认知习惯源于没有仔细思考"。接下来，让我们一起来看一些相关的行为经济学理论。

金钱表现为数字形态，具有恒定的价值，也被认为代表着理性。但事实上，它也会受到非理性认知习惯的影响。塞勒所定义的"心理账户"（Mental Accounting）理论就是其中的典型案例。每个人的心中都有一个"会计"，哪怕是同样金额的钱，也会因获取方式和花费方式的不同而在心中有不同的价值。单单这样描述可能会有些难以理解，接下来让我们看一个例子。

卡尼曼和特维斯基曾开展了一项关于"心理账户"的著名实验研究，该实验被称为"10美元的剧场票"。在实验中，受试者会被问到如下问题。

"你打开钱包准备去剧场买票，却发现自己丢了一张面额为10美元的纸币。这时，你还会再拿出10美元去买一张剧场票吗？"

结果显示，88%的受试者都表示："会。"紧接着，受试者又被问到一个新的问题。

"你花费10美元提前买了一张预售的剧场票，但到了剧场后却找不到了。这时，你还会重新拿出10美元来买一张新的票吗？"

结果显示，只有46%的受试者表示："会。"有一半以上的人都给出了否定的回答。

在这两个问题中，丢失的实际上都是10美元。可即便都是10美元，但是因为一个丢的是钱，一个丢的是票，所以随后的行为也发生了变化。这就表明，人们对这 10 美元的心理核算是不同的。

换言之，"心理账户"是指人们会在心中无意识地按照用途对钱进行分类。在第二个问题中，受试者会无意识地将丢失的 10 美元归类于"用于看剧的 10 美元"。

而在第一个问题中，人们却会下意识地认为丢失的 10 美元与看剧这件事无关。虽然会为自己丢了钱而感到震惊，但丢失的 10 美元和用于看剧的 10 美元在心中归属于两个不同的账户。因此，人们对再掏出 10 美元买剧场票一事没有任何抵触情绪。

但在丢了票的情况下，受试者会认为自己在购买预售票时已经花掉了用于看剧的 10 美元。既然已经弄丢了那张预售票，那么丢失的 10 美元（也就是价值 10 美元的剧场票）就已经计入了"用于看剧的 10 美元"这一账户中。如果再花 10 美元重新买票，就等同于为了看剧多付了 10 美元，因此在心中会产生抵触情绪。

从理性上讲，两种情况下的损失都是 10 美元，人们会采取不同的行为这一点非常不合理。然而，人类实际上就是会像这样采取非理性行为。

就像记账时人们会按照用途对每一笔收支进行分类一样，他们也会在心中无意识地对每一笔钱按照用途进行分类。类别不同，同等金额的钱在人们心中的价值也会发生变化——这就是"心理账户"。

"心理账户"还有许多其他实例，比如会影响很多人对金钱的分配。"攒下来的工资，3万日元（约合人民币1500元）用于子女教育，8万日元（约合人民币4000元）用于还房贷，3万日元（约合人民币1500元）用于人际交往……"

"等等，这个月饮食开支过大了，人际交往的钱却很少。"

从理性上讲，将人际交往预算的富余部分用在饮食开支上，可以实现整体预算的优化。换言之，在人际交往上少花钱，就意味着在家吃饭的次数多，饮食开支自然会增加，这是非常合理的。然而，人类有一种偏见，即在不同的事情上花的钱要分别分配。因此，为了将饮食开支控制在预定的范围内，即使忙得焦头烂额，人们也还是会浪费时间和精力去多逛几家超市寻找更便宜的食材等。这种非理性行为也是由"心理账户"造成的。

而当人们获得"意外之财"时，也会因为"心理账户"做出非理性行为。打个比方，你得到了一笔政府发放的补助金，或是获得了额外奖金，打扫卫生时意外找到了一些钱。

这时，如果你理性思考，应该会认为"刚好我一直存不下钱，就把这笔钱存起来吧"。但在你心中，会把这笔钱归类为"额外收入"，用于外出吃一顿大餐，或一时兴起买一瓶高价红酒等，导致自己最终浪费了这笔钱。

因此，我们一定要意识到自己心中有这样一个不理性的"心理账户"。

何为"自制偏差"

"我没打算买的，但这钱下意识就花出去了"。

网购时常常会出现这种情况，人们并不像自己想象的那般有着强大的自制力。然而，却会有一种高估自己的认知习惯："我能抵制诱惑，我能克制自己的冲动行为。"在行为经济学中，这种认知习惯被称为"自制偏差"（Restraint Bias）。

例如你正在减肥，但在下班回家的路上感到又累又饿，正好在一家便利店门口停了下来。

你告诉自己"我只买明早吃的酸奶"。但当你看到货架上琳琅满目的商品时，还是败给了眼前的诱惑，买了啤酒、果汁和一些高脂肪、易发胖的食物。

如果这是在早上，你精力充沛，"系统2"运作良好，那么你的意志力也会很强大。你应该就能克制住自己："算了算了，我还是只买酸奶吧。"但是，你内心的"自制偏差"告诉你："都到晚上了，多买点别的也没关系。"这样可不行，如果你意识到了自己此刻又累又饿，那么就应该不作他想，只拿起酸奶直接去结账。

明明容易受到诱惑，还不自知，然后做出错误决策。最好的办法就是避免把自己置于可能会受到诱惑的环境之中。

如果你不打算买东西，就不要去商店。重要的是，要认识到自己容易受到诱惑，并为这样的自己建立一种机制，而不是仅靠意志力来抵御诱惑。

最近，有一位朋友向我咨询，说他希望提高自己的健康意识，不要再吃零食。而听完他的描述后，我大为震惊，原来他家中就放有大量的糖果点心。于是，我鼓励他放弃家中所有的糖果点心，如果实在想吃，就带只够买一点点的钱去店里买。当你想戒掉某种行为时，采取这样的小方法就会非常有效。也有人因为无法控制自己大手大脚花钱，选择把信用卡、手机都放在家中，只带银行储蓄卡出门。如果有想买的，就必须要先去 ATM 机取钱然后再去购买。

此前，美国还有一种行为引发热议。有人把信用卡冻在冰箱里，使得信用卡拿出后没办法立刻使用。

我还有一位朋友有过类似的经历。他很喜欢喝啤酒，但又想减少自己的饮酒量，于是就把啤酒放在室温下保存。这样一来，要想喝啤酒，就得先把啤酒放进冰箱里等上两个小时。在这等待的两个小时里，他往往就会决定不喝了。你也应当采取一些小方法，为自己建立一个类似的、帮助自己克服诱惑的系统。

从"沉没成本"角度来看，密歇根州和威斯康星州应该选哪个

如果你经常阅读商业书籍，那么对"沉没成本"（Sunk Cost）一词一定不陌生。所谓"沉没成本"，是指一种非理性的偏见，即一旦你开始做某件事，那么即使没有取得任何成果，为了挽回自己已经在这件事上耗费的时间、金钱和精力，你也会硬着头皮继续做下去。

例如你手头有一个呕心沥血精心准备的新项目刚刚启动,即便你已经感觉到它并不会成功,也还是不会选择放弃。哪怕你觉得已经无能为力,还是会想"无论如何,还是先做到头再看吧",并咬牙坚持下去。

想收回本的心理根植在人们的骨子里,赌博也是如此。人们总会受"沉没成本"驱动,一边想着"已经投了 5 万日元了,再投 3 万日元肯定就能把钱全部收回来",一边为之狂热。

1985 年之前,俄亥俄大学的哈尔·阿克斯和凯瑟琳·布鲁默教授发布了一项关于"沉没成本"的研究。

实验中,受试者们被告知他们要去滑雪旅行。

"你计划在寒假进行一次滑雪旅行,并且已经为去密歇根州的旅行计划支付了 100 美元押金、为去威斯康星州的旅行计划支付了 50 美元押金。这两个计划都很受滑雪爱好者的欢迎,但威斯康星州的雪质更好,滑雪场的设施也更为优良,在威斯康星州肯定会玩得更开心。"

在介绍了背景后,他们问了受试者这样一个问题:

"但你预定的这两个旅行计划在同一天,最终只能去一个,而且取消的那个不会退还押金。这种情况下，你更愿意去密歇根州还是威斯康星州？"

无论选择哪个计划，都将为没去的那个计划白白浪费一笔押金。按道理来说，100%的受试者都应该选择一次更愉快的滑雪之旅。但结果显示，54%的受试者都表示他们会选择去密歇根州。据此实验，阿克斯和布鲁默教授得出结论，超过半数的受试者选择密歇根州是因为他们在一开始就为密歇根州投入了更多资金，而这正是"沉没成本"的体现。

换言之，在"沉没成本"的作用下，人们最终做出了选择相对而言体验不太好的旅行计划这一非理性行为。

注意力经济时代，你需要了解的"机会成本"

如果理性思考，就会发现再进行下去也只是做无用功。可人们还是会选择继续做下去。这种"沉没成本"正是一种源于没有认真思考的"认知习惯"。但仅仅知道"沉没成本"这一个概念是不够的，我们还需要同时了解另一个概念——"机会成本"（Opportunity Cost）。

实际上，方才讲述的"沉没成本"并不仅仅是浪费了我们迄今为止投入的时间、金钱和精力。它所带来的最严重的后果，是让我们失去了"机会成本"。换言之，我们原本可以利用这些浪费的时间在其他事情上取得成功，而现在我们失去了实现这一切的机会。

如果你因"沉没成本"而继续推进那个已经行不通的项目，那么就会失去利用这段时间启动另一个新项目的机会。将那些耗费在那个行不通的项目上的精力、预算和人力资源投入到其他地方，本应该会出现新机遇。这就是所谓的"机会成本"。

在美国，终身在一家企业工作并非常态，换工作更为常见。但即便如此，人们还是将换工作视为人生大事，经常有人向我咨询有关意见。大多数人之所以会犹豫不决，是因为已经为这份工作付出的努力这一"沉没成本"和倾向于维持现状的"现状偏差"在暗暗发力。但这时，我会建议他们考虑"机会成本"。不是去考虑"换工作会失去什么"，而是去考虑"不换工作会失去什么机会"。这一反向的视角会帮助我们从全新的角度去思考一个困扰自己许久的问题。

在注意力经济时代，每日奔忙的商界人士必须时刻注意自己的时间和注意力用在了何处。为此，他们必须了解自己的"认知习惯",并认真加以思考。从这个角度来说,"沉没成本"不仅意味着浪费时间和注意力,也意味着丧失实现下一次成功的机会。

"热手效应":为什么我们会期待他"超过迈克尔·乔丹"

"系统 1"还会导致其他"认知习惯",例如"热手效应"(Hot Hand Effect)。所谓"热手效应",是指当某件事连续发生时,我们会假设下一次还会发生同样的事情。实际上,这仍然是一种非理性的思维,因为我们的假设是缺乏事实依据的。

打个比方,我们正在观看一场篮球赛。场中,球员 A 连续投篮三次,并且全部命中。此刻,比赛接近尾声,球再次落在了球员 A 手中。他的队友和观众都屏息凝视,等待着他是否会投进这连续的第四球。

大家都认为:"他肯定能投进!"

而我们对他的这种信任,实际上是"系统 1"发挥作用的结果。如果我们运用"系统 2",从统计学的角度来思考,就会发现这其实不太可能。传奇如迈克尔·乔丹,投篮命中率也只有 50%。说得直白一点,也就是每投两次能够进球一次。而前三次投球,每次的命中概率也还是 50%。不可能因为他连续投中三次，第四次的概率就变成了 100%——这样简单的道理，哪怕数学再不好想必也能够理解。

从统计学上讲，每次投球在概率上都是独立的事件，因此不可能根据近期的表现来预测下一次投球命中的概率。换言之，认为连续投入三球的球员一定能够投进下一球，本身就是一种"认知习惯"。

然而，人类就是这样，还是会认为："他肯定能投进！"

为了证明这一"认知习惯"，斯坦福大学的特维斯基教授等人对观众展开了一项调查。结果显示，91%的观众在观看比赛时认为，曾多次投球命中的球员比其他球员更有可能投进下一个球。而68%的观众对罚球也有同样的看法。针对球员本身展开的调查也取得了类似的结果。

这种"认知习惯"被称为"热手效应"。这个词源于篮球，但也适用于迷信、算命和讨彩头等情况。日语中也有"あいつは持ってる！"（他能行！）这一说法，和"热手"（Hot Hand）意思相同。

"热手效应"也会出现在商业领域。如果某人功成名就，做事得心应手，那么他本人乃至周围的其他人都会认为他下次也一定能做到。

假设出版社的一位编辑小 B 连续出版了三本畅销书，那么他就会被另眼相看。他的上司和销售部门都会支持他，他提出的新企划往往会被立刻采纳。

反观另一位一本畅销书都没有的编辑小 C，无论他提交多少企划，都会被断定"卖不出去"，在会议上惨遭否决。

这种对周围人的臆断就成了"热手效应"，使得公司内有些人会受到优待，而有些人则会遭到冷遇。

虽然一本书是否畅销并不像投篮那样一目了然，但小 B 也的确有可能比小 C 更有能力，手中的作品登顶畅销书榜单的概率也因人而异。

然而，如果假设小 B 推出的作品有 60% 的概率一炮而红，而小 C 的这一概率为 40%，那么也就意味着小 B 推出的下一部作品只有 60% 的概率大卖，反之有 40% 的概率砸在手里。虽然小 C 的成功概率仅有 40%，但下一部作品也有可能凭借这 40% 的概率而成绩斐然。

我们对小 B 寄予了更高的期待，但这种过高的期待可能会演变为一种"经验主义",让我们被过去所束缚,认为"以前做得好的人以后也一定会做得好"。此外,还会导致我们埋没未来有可能会大展拳脚、推出畅销作品的小C。对于这种"热手效应",我们一定要多加注意、谨慎对待。

不妨静下心来想一想,自己一味地期待是否已经形成一种"非理性思维"呢?

"你是否被自己过去的成功经验迷惑了双眼,不由得被'认知习惯'所掌控,开始以'系统1'的思维来评判他人了呢?"要知道,运用"系统2"进行自我检查非常重要。特别是商界人士,一定不能因为"热手效应"这种自身非理性的"认知习惯"而"扼杀"下属的成长。

为什么麦当劳的问卷调查是一场巨大的失败

我的工作,就是针对如何将行为经济学融入业务之中这一问题为企业提供咨询。由于行为经济学关注的是"人类(的行为)",因此企业可以将行为经济学广泛应用于各种领域。

营销调研就是一个简单的例子,它会为企业的营销、宣传和销售战略提供数据支撑。企业的客户本身就是"人",对"人类行为"的科学理解有助于促进产品和服务的销售。

但客户并不是企业所面对的唯一的"人"。企业的员工也是"人",也有企业已将行为经济学应用于人事管理,以提高员工的满意度。

在与许多从学术界转行而来的商界人士接触的过程中,我发现了一些问题。无论客户是大公司的高管,还是初创公司的年轻员工,会议室里的讨论常常会走错方向。

"为什么客户不购买我们公司的这款产品?本以为他们会因为增加的这项功能而购买呢。"

"为什么这个软件的下载量停滞不前?是不是我们定价有问题啊?"

你可能经常在公司里听见类似的讨论,那它们究竟错在哪里呢?

错在员工运用"系统2"来揣摩消费者。如果你还记得自己买东西的时候在想什么,那么你就会知道消费者实际上并不是在深思熟虑后才购买某商品或服务的。大多数人都是在"系统1"的驱动下,仅经过瞬间的思考就掏出了钱包。

举个例子，如果 A 商品物美价廉，那么消费者应当会做出理性的决定，选择购买 A 商品。然而，现实情况并非如此。有可能消费者会突然购买 B 商品，也有可能 C 商品会因为意想不到的原因而爆火。

而在用户下载软件时，他们也不太会基于理性做出决定。"在比较和考虑了所有类似的软件后，我得出结论，软件 B 更好用，而且还有很多免费功能"——这样的情况实在少之又少。很多人只是在玩手机时单纯觉得"看起来还不错"，于是不假思索地点击下载。

实验证明，营销调研与实际日常生活之间存在差异，调研得出的数据并不一定可靠。接下来这项实验以住校且大多在宿舍旁的食堂用餐的学生为对象，测试他们对以下两则标语的接受程度。

- 标语 1：每天吃五个水果、蔬菜，健康生活从我做起。
- 标语 2：每天在托盘上放五个水果、蔬菜试试看。

在对学生们进行问卷调查后发现，大家认为标语 1 "措辞更好、更为有效"。如果仅从问卷调查结果来看，似乎标语 1 的确比标语 2 好。

然而，真正有助于大学生们改善饮食习惯的是标语 2。

这是因为，尽管标语 1 听起来更好，但人们在食堂中受"系统 1"影响做出选择时，脑海中浮现的实际上是标语 2。

这一实验表明，根据营销调研等调查结果确定的宣传方式往往收效甚微。我们需要谨记，消费者本身的行为是无意识的，他们自己也无法用语言表达自己做出某种行为的原因。如果了解行为经济学，就能意识到营销调研的局限性，进而可以灵活地解释客户的行为。

许多企业虽然会使用调查的方法进行营销调研，但这种方法很难捕捉到消费者的心理。全球知名企业麦当劳也难逃这一陷阱。

自 1955 年开始特许经营以来，麦当劳凭借其主打产品"油脂丰富的汉堡、薯条"的快捷美味，一直保持着快速发展。

然而，近年来，人们的"健康意识"不断增强。麦当劳曾进行一次调查，结果显示很多人希望麦当劳能够提供更多健康食品。为此，麦当劳于 2013 年推出了沙拉和水果，试图丰富菜单内容，使之与世界范围内的健康饮食趋势接轨，并满足顾客的需求。

然而，这一策略适得其反。尽管麦当劳进行了大规模营销，但顾客实际上购买的还是那些"高油脂的油炸食品、快餐"，而非所谓的"健康菜品"。

与之类似，日本麦当劳也根据营销调研结果在2006年推出了主打健康的"沙拉麦当劳"，但最后以失败告终。

从行为经济学的角度来看，麦当劳的这一战略的失败其实很容易理解。如上所述，当人们在时间紧迫或感到疲惫时，往往会依赖"系统1"做出决策。

而人们一般什么时候去麦当劳呢？我不太清楚日本麦当劳的情况，但在得来速餐厅的销售额占据麦当劳所有门店大半份额的美国，人们往往是在忙碌或疲惫之时才去麦当劳。

换言之，当顾客在麦当劳点餐时，他们并不会认真地从健康角度去思考，而是受"系统1"驱动，草草看一眼便做出了决定。

在对人们开展调查研究时我们发现，无论是填写问卷还是口头回答，调查对象一般都会认真思考，驱动"系统2"来作答。当"系统2"起作用时，人们往往会设想自己理性的、理想的行为方式，回答自己应该要做什么。在不了解行为经济学知识的情况下，这种理想与现实的差距使我们很难通过调研来真正深入地了解消费者的心理。为了避免这种差距，我们在会议上讨论时也需要从"系统1"的角度来认识顾客，以此去了解依赖"系统1"进行购物的消费者是何种心理。最近，麦当劳也开始引入行为经济学，试图研究顾客如何以"系统1"查看菜单并做出决策。

此外，许多顾客在实际购买和使用商品时所处的环境与他们参与调研时的环境截然不同（关于"环境"的内容将在第2章中详述）。

一般来说，定量调查（对问卷结果进行量化并分析其数据的调查）都会遭遇这种困境，因为定量调查在了解消费者为何购买、如何使用商品方面有着明显的局限性。我们必须要先认识到，消费者自身也很难用言语形容自己为什么要购买某种商品或服务。

而定性调查（面对面访谈）可以帮助我们了解更多细节。不过，定性调查也不能单纯依赖消费者的回答来做判断。

"您为什么会购入我们公司的商品？"

如果你这样问，而对方回答"因为质量优秀、设计精美"，也有可能出于"只能想到这个答案"。人们往往会有些虚荣心，会为自己的购买行为找到一个看起来更聪明的理由。或是观察提问者的神色，给出一个他们认为会让对方高兴的答案。

然而，实际的购买行为建立在非理性决策的基础之上，会受到心情、时间等因素的无意识影响，也有可能出现"这个商品摆在我最容易拿到的地方"等巧合。

正因如此，无论我们是在公司里开会，还是在进行调研，都可以考虑使用行为经济学来深入了解消费者的心理。因为行为经济学正是研究人类（消费者）无意识决策（购买原因）的科学。

企业的高管看见调研结果后会疑惑不解："结果显示，80%的人会选择更健康的菜品。那为什么水果沙拉卖不动？为什么巧克力蛋糕卖得更好？"但这其实并不奇怪，因为人类的心理和行为就是不理性的。

要了解人类，比起研究更应观察

因此，如果你想了解消费者或员工等你的目标群体，比起有局限性的"研究"，你更应该去"观察"。通过从旁观察，你可以知道人们都在无意识中做出了哪些行为。

在我向客户推荐的营销调研方法中，就有一种用来进行"观察"的"人种学"。人种学是一种民族学的田野调查研究方法，通过融入普通人的生活，观察他们的日常习惯、礼仪、饮食、语言和消磨闲暇时光的方式等，来了解他们的行为方式和文化。通过这种简单的观察，能够更加深入地了解调研对象的本质。因此，也被商界广泛应用。

当然，我们不可能对所有客户都采用这种人种学方法。但如果你想开发核心产品，就可以请潜在目标客户拍摄其生活日常。此外，如果想要在人事和管理方面运用人种学，除了在公司内部开展问卷调查之外，还可以在员工工作期间对其日常状态进行观察。

说到这里，你有听说过美国一档名为《卧底老板》的节目吗？这档节目在美国人气火爆，是一种运用了人种学方法的纪录片。节目中，公司的老板要乔装打扮一番，混入自己的工厂中和其他普通员工一起工作。许多老板在参与工厂生产产品的实际过程中，发现了许多数据上无法呈现的问题，而这正是这档节目大受欢迎的秘诀所在。作为管理者，你不可能了解在组织底层工作的人的行为心理，而仅靠收集问卷数据或访谈回答也无法做出改进。

越是负责任的、果断的人，就越需要进行实际观察。通过观察，可以了解到人们的行为有多么不理性，进而做出更恰当的决策、采取更恰当的措施。

定量调查可以一次性收集大量数据，适用于询问活动轨迹等易运用"系统2"进行回答的相关问题。但如果想要了解"认知习惯"并将其运用至营销之中，就需要综合利用定性调查（访谈）和人种学这两种方法，再进行判断。然而，在现实中，大多数公司都很难为此投入如此之多的资源。那么，问题就不在于哪种方法更好，而在于根据你想知道的内容来区分使用这几种方法。

"登门槛效应"：把海报贴满大街小巷

到目前为止，就如何利用行为经济学来了解非理性的自己和他人，我们已经进行了诸多讨论。但行为经济学远不止如此，它还适用于如何与人进行谈判。

谈判是人类活动中不可或缺的一部分，我们日常所进行的谈判并非只局限于商业活动。

请人洗碗、在选举中找人帮忙或请同事在工作上搭把手也都是谈判。人际关系是由请求和同意连接起来的，每天都会进行一系列的谈判。

如果你能将行为经济学内化为自身的素养，就可以熟练运用谈判的各种原理原则。

接下来，我们要介绍的"认知习惯"名为"登门槛效应"（Foot in the Door），它的意思是"先从一个小请求开始"。

如果你去拜访一个人，贸然地就想踏进别人的家门，那么肯定会吃闭门羹。所以，你需要先迈出第一步。换言之，如果你想请别人帮忙，不要一开始就提出一个难办的大请求，而是先着手于小事。

举个例子，你所在小区的居委会决定组织一次安全驾驶活动。作为其中的一员，你需要召集一些人来帮忙。

为了让当地居民了解这项活动，你需要四处奔走，拜托居民们在自家窗户上张贴可以从外面看到的巨幅宣传海报。

这时，你会怎么做呢？

人们很难立马同意让一个不熟的邻居在自家窗户上张贴巨幅海报。事实也的确如此，在乔纳森·弗里德曼开展的一项实验中，只有 16.7% 的人同意张贴。

而在对比实验中，弗里德曼先制作了一些小贴纸分发给居民们，请他们贴在窗户上或车内。这些小贴纸并不显眼，但能提醒他们安全驾驶的重要性。

两周后，他再请求居民们在自家窗户上张贴有关安全驾驶的巨幅海报。虽然海报的尺寸是小贴纸的数倍之多，但有76%的居民接受了这一请求。凭借这种"登门槛效应"，最终在自家窗户上贴上巨幅海报的居民数量多达原来的近5倍。

最初的小请求的接受门槛相对较低。此外，当你提出请求时，对方内心也会产生一种情绪："这说明我有交通安全意识，还是一个配合居委会工作的好人。"

因为这种情绪会维持下去，所以两周后再请求居民们张贴巨幅海报时，他们大多都会同意。如果拒绝，就与自己给予自己的"有交通安全意识，还是一个配合居委会工作的好人"这一印象产生了矛盾。

如果他们贴上巨幅海报一段时间，这种一致性效应还会继续维持。最终，张贴小贴纸的居民们心中会产生一种"沉没成本"，认为自己既然已经配合到了这种地步，就应该继续为这项活动出一分力。因此，他们会进一步支持这项活动。

从一个小请求起步，就能赢得更丰厚的善意支持。这可以称得上是利用"认知习惯"进行谈判的一大基础。

当然，在小请求之后提出的大请求最好与小请求有关联，这样效果才会更好。换言之，在请求居民们张贴有关"交通安全运动"的贴纸之后，如果再请求他们参加与此毫无关联的"为地震灾民们捐款"活动，那么他们接受请求的概率就会很低。

谷歌招聘与"确认性偏差"

信息化社会瞬息万变，各种信息漫天飞舞，而我们能对所有信息一视同仁地进行处理吗？在本小节中，我们将讨论在接收信息时，我们是如何非理性地处理信息的。

首先我们要知道"确认性偏差"（Confirmation Bias）这一概念，这也是一种"认知习惯"，它是指我们确立了某一信念后，会开始收集证据试图证明这种信念的心理偏差。

例如你认为某个计划一定会成功，并开始研究过去的相关数据。这时，你的眼中就只有以往的成功案例，并愈加坚信这个计划一定会成功。每个人都有"确认性偏差"，大家只会收集对自己有利的信息和自己愿意去相信的调查结果，并坚定信念、做出决定、付诸行动。

"确认性偏差"也会出现在商界以外的其他领域。例如你考虑购买一件曾经就心动过的家电时，你会忽略"耗电量大"等负面信息，而只关注"性能强大、功能多样"等正面信息。

"那个人是B型血，难怪他语言风趣又独特……"，这也是一种"确认性偏差"。在美国，很多人都不知道自己的血型，因此很少听到有人说"A型血的人是这样的，B型血的人是那样的……"。可以说，这是一种日本独有的"确认性偏差"。

职位越高，就越需要注意"确认性偏差"。为什么呢？因为随着职位的升高，人们往往会与普通消费者的心理脱节，他们倾向于自顾自地认为"一定是这样的"，并千方百计为自己武断的想法收集证据。此外，身边的下属难免会想方设法提供上司想要的信息，所以上司最终能看到的也只有这些对自己有益的信息。

陷入"确认性偏差"的"大人物"，终归会只偏听偏信那些自己想要的信息，而对不符合自己期望的信息充耳不闻。

此外，虽然面试的目的在于评估求职者的工作能力，但各种调查结果表明，实际上，面试官会倾向于仅通过自己对求职者的好恶来判断。如果你曾担任过一家公司招聘员工的面试官，那你应当有过这样的经历——一旦产生"我还挺喜欢这个人的"这种想法，你就会下意识地去寻找更多他讨人喜欢的理由。这也是一种"确认性偏差"。

虽然我们不能完全消除"确认性偏差"，但如果我们能谨记"每个人都有'确认性偏差'"这一前提，时刻反省自己"啊，我刚刚的想法朝着自己的预想走了，应该是犯了'确认性偏差'的毛病"，那么就可以充分运用"系统 2"来改善我们的决策。

在谷歌从 6000 名员工到 6 万名员工的过程中，谷歌人力资源总监拉斯洛·博克负责设计并总管谷歌的人力资源系统。为了减少"确认性偏差"，他在面试过程中引入了抽样工作方法，并格外重视其结果。抽样工作方法使用固定的评分系统进行评估，因而可以减少"确认性偏差"。

我也在为减少"确认性偏差"做努力。举个例子，当我要求下属对我的计划提出反馈意见时，我会明确地反复提醒他们。

"我并不希望你们肯定、夸赞这项计划，因为我们的目标是提高这个项目的质量，所以，希望你们能指出其中的不足之处，向我提出改进意见。"

此外，敢于在会议上征求反对意见也是一种不错的方法。在美国，通常会设置一个"唱反调"（Devil's Advocate）的角色，其主要职责是提供批评意见使讨论更加激烈。我们常常能在会议中看到这样的场景：有一个人站起来表示"我今天就是来唱反调的，我敢于提出异议"，并开始发表自己的反对意见。这种方法可以使我们兼顾正反两方面的意见，从而做出合理的决策。

此外，为了消除确认性偏差，我经常同自己的团队开展"思考锻炼"（Thought Exercise）。

"我们将按照计划 A 执行该项目。但如果我们执行计划 B，又会发生什么呢？"

如果像这样在脑中模拟与现实相反的情景并进行讨论，就能够以一种较为平衡的方式来考虑我们的计划。

这款面霜很有效？可能是"真相错觉效应"在作祟

与"确认性偏差"恰恰相反，如果我们明明认为某件事绝对不可能，但在反复看到、听到这一信息后，反而会相信这是可能的——而这也是一种非常棘手的"认知习惯"。

比如有这样一位小团队的领导，他总是反复谈论自己过去那套过时又低效的销售技巧。

"根本不需要什么晦涩的大道理，销售就是要脚踏实地。只要你拜访的客户够多，肯定能到手一份合同。我自己就是持之以恒地敲了一百扇大门才被评为年度最佳员工的。"

然而，这位领导的成功故事已经过去几十年了。现在，越来越多的公寓楼都有严格的安保措施，徒步去上门推销已经行不通了。相反，在办公室里制定基于互联网的营销战略显然更有效、更高效。

然而，团队中的下属日复一日地听着这位领导激情澎湃的演讲，渐渐就开始相信"他有成绩，他肯定是对的"。这就是我在博士论文中进一步发展的理论"真相错觉效应"（Illusory Truth Effect）。

最常见的"真相错觉效应"一般来自互联网。如今，各国的互联网上都充斥着虚假信息和夸张广告。

"轻轻一抹，这款面霜就能让你拥有惊人的美丽肌肤！"

广告中的使用前后对比图明显经过后期处理。可即便一开始你认为这很荒谬，但在反复观看这则广告后，你也可能会开始想"这款面霜看起来还真是挺不错的"——想必大家都曾有过这样的经历。

"真相错觉效应"在医疗和健康信息等众多领域中悄然存在，生活在网络社会的我们每天都会面临这挑战。

为了避免陷入"真相错觉效应"的陷阱，建议大家一旦发现可疑之处，立即验证其真伪并排除奇怪的信息。这是因为人们更容易相信自己常常看到的、感觉熟悉的信息。

例如其他部门的小A长期以来一直以工作速度快闻名。但后来，该部门的一位熟人发现，其实小A的工作速度并不快，只是刚刚好。然而，那个人很快就忘了"小A的工作速度快"和"小A的工作速度并不快，还老犯错"之间的联系。其实后一条信息并没有覆盖前一条信息，它们就像以不同的名称保存的文件，分别放在了脑海中两个不相干的地方。

这种情况下，我们最先想起来的信息会是我们最熟悉的，也就是最先储存在我们脑海中的那个文件。

了解了这一点，你就能在听到可疑信息的时候立即去尝试验证其真假，并以此来减少"认知习惯"造成的思维偏差。

日常生活中，你也能看到一些话术和营销："你可能认为某某是真的，其实这是假的！"在这种情况下，随着时间的推移，"我认为某某是真的"和"其实这是假的"这两条信息就有可能分别储存在了脑海里不同名称的文件中。结果，你的大脑里会留下一条看似是事实的信息："我认为某某是真的。"所以对此类问题我们一定要多加小心。

五感也是"认知习惯"

万众瞩目的"具身认知"究竟是什么

截至目前,我们讨论了许多大脑中的"认知习惯",但其实大脑和身体是相通的。众所周知,大脑会驱动身体,身体接收到的信息同样也会以神经递质的形式反馈给大脑。这种"具身认知"意味着,当信息通过身体传递到大脑时,也会产生"认知习惯。

根据克拉克大学拉里德(Laird)博士的研究,哪怕实际上并不有趣也不令人愉快,但如果你刻意扬起嘴角露出笑容,大脑就会产生错觉,认为"你在笑,所以肯定很快乐"。这样一来,好像就真的快乐了起来。此外,在一项要求受试者阅读漫画的实验中,结果显示,与皱着眉阅读相比,微笑着阅读,受试者会认为自己阅读的漫画更有趣。

此外，还有一个"具身认知"的典型案例。如果你前倾着身体听别人说话，即使你对听到的内容不感兴趣，也会感觉很有意思。

有研究表明，身体上的温暖会带来心理上的温暖。比如你第一次拜访某家公司，根据接待者给你提供的饮料温度的不同，你对他的印象也会发生变化。如果给你端上的是热茶，你就会觉得这个人很热情；反之，如果给你端上的是冰茶等冷饮，你就会觉得这个人有些冷淡。这证明身体和大脑之间存在着密切的联系。

像这样，身体上的感觉也成了人类某种骨子里的"认知习惯"。

"概念隐喻"：如何展示高端腕表？垂直还是倾斜

图 1-1 中有两张腕表的广告图，来源于一篇实验论文。该论文测试了这两个广告哪个效果更好。

在给出结论之前，我想先请大家思考一下，你认为哪张图更吸引消费者？当然，这两张图上都是同一款腕表，型号相同。此外，模特展示的姿势也相同，都是手插口袋的动作。唯一的区别，是腕表的方向。

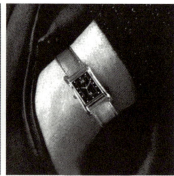

图 1-1　哪款腕表更吸引人

资料来源：Peracchio, L. A., & Meyers-Levy, J. (2005). Using stylistic properties of ad pictures to communicate with consumers. Journal of Consumer Research, 32(1), 29-40.

论文结果显示，左侧的广告更具权威性，展示高端腕表的效果更好。这是为什么呢？

比较左右两个广告可知，左侧的广告中腕表的摆放角度与表盘垂直，而右侧的广告中有所倾斜。这样一来，左侧的广告会给人以"权威""奢华"的印象。当人们看到一个垂直的物体时，他们会下意识地产生一种"高人一等""出人头地"和"超群绝伦"的感觉。因此，人们会认为这款手表非常高端。研究表明，垂直在潜意识中暗示着"对抗地心引力、坚持不懈、强大的力量"。在广告中使用左侧的图片，可以给人们以"奢华、经久耐用的优良腕表"的印象。

在这种情况下,"高人一等""出人头地"和"超群绝伦"等抽象概念的隐喻与"垂直(的摆放方向)"这一具体事物联系在了一起。

像这样,通过用具体事物来隐喻抽象概念,从而使人们更容易理解抽象概念的认知框架被称为"概念隐喻"(Conceptual Metaphor)。而事实证明,比喻并不仅仅只是一种修辞手法或文字表达。

如果你也想给你的客户以"高级感"印象,那么就可以将你的商品垂直摆放。反之,如果你想给人以"生动感",就可以考虑像右侧的图片一样将其倾斜放置。

此外,我们还可以通过"概念隐喻"来利用"认知习惯"以提升其他视觉效果。

请看图 1-2 水瓶 A 和水瓶 B 的图片。如果你想营造一种"高级感",那么应该选择哪一个?

答案是 A。

水瓶 A 更高更细长,能给人以"高级感"的印象。而水瓶 B 则会让人感觉亲切、安心。

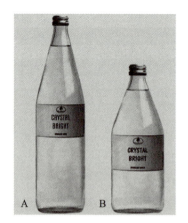

图 1-2 水瓶 A 和水瓶 B 哪个看上去更高级

资料来源：Van Rompay, T.J.L.,& Pruyn, A.T.H. (2011).When visual product features speak the same language :Effects of shape-type face congruence on brand perception and price expectations. Journal of product innovation management, 28(4), 599-610.

人们会下意识地认为"细长＝高级""矮宽＝随和"。当人们看到高大的物体时，直觉会告诉他们这象征着"力量、权威、高级感"，而低矮的物体则象征着"安心、亲切"。

这也是一种"概念隐喻"，即用高而细长的具体物品来比喻"高级感"这一抽象概念，可以使人们更容易理解。

从"认知流畅性"角度来看，苹果的标识应该放在顶部

在设计商品包装时，标识的位置至关重要。而标识的位置也

应根据商品的知名度有所调整。标识的位置不同，人们对该商品的印象也会有所不同。

阿帕纳·桑德等人的一项实验表明，像苹果等极具吸引力的名牌商品，标识放在顶部会比放在底部更受青睐。相反，无甚人气的小品牌则应将标识放在底部，这样会更受欢迎，有助于提升销量。这不仅适用于科技产品，在美国广受欢迎的星巴克，如果将标识放在顶部也会吸引更多人的喜爱。

这也是一种"概念隐喻"，即通过标识位置这一具体事物来比喻"受欢迎＝质量好"的抽象概念，可以使人们更容易理解。

因此，在考虑商品或广告的视觉效果时，"认知流畅性"（Cognitive Fluency）非常重要。正如前文在解释"不流畅效应"时所说，"流畅"意味着"没有阻碍"，即"易于理解"（一眼就能识别）。由此看来，"概念隐喻"可以用于创造"认知流畅性"。通过利用"细长＝高级、矮宽＝随和"这一"概念隐喻"，我们创造出具有"认知流畅性"（易于理解）的设计，从而更容易被消费者接受。

此外，了解消费者的深层心理也很重要。方才提到的星巴克实验中有一个非常有趣的现象，如果人们觉得自己没有影响力，这种效应（运用概念隐喻来创造认知流畅性）就会消失不见。这是因为，当人们觉得自己没有影响力时，放置在顶部的标识在潜意识中给予他们的"优越性、影响力"暗示也就失去了"流畅性"，进而消失不见。

"你更喜欢设计 A 还是设计 B？"

这个问题是营销调研中的"常客"。但对我们来说，重要的并不是顾客的个人喜好，而是要根据"具身认知"这一"认知习惯"来研究这个问题。这样一来，你就可以创造出一种易于理解、更加自然的设计。在做报告时，你也可以将相关的行为经济学知识拿出来作为学术支撑。

"时间"也是一种"认知习惯"

"双曲贴现模型":未来的你不是你自己

除了大脑和身体,时间导致的"认知习惯"也会影响人们决策。

时间的流速是恒定的。从理性的角度来看,一天始终是24小时,今天和明天价值相同。然而,人们的"认知习惯"会导致对时间产生非理性解释。商业人士应该牢记的一个典型例子就是"双曲贴现模型"(Hyperbolic Discounting)。此前我们已经提到过,人类有"现时偏见",比起"未来"会更加关注"当下"。其实人类还有一个更矛盾、更不合理的特征,这体现在"双曲贴现模型"上(见图1-3)。

"双曲贴现模型"指出:"当考虑近期的未来时,人们往往会关注时间上的微小差异。而当考虑长远的未来时,就会不再关注时间上的差异。"有一项非常有名的"双曲贴现模型"实验向受试者提出了以下两个问题。

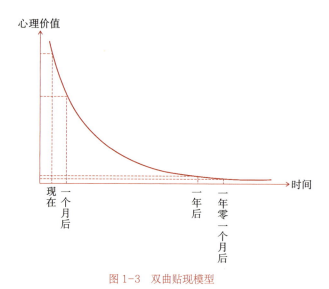

图 1-3　双曲贴现模型

问题 1："你是愿意今天得到 100 美元，还是一个月后得到 120 美元？"

大多数人的回答是："我更愿意今天得到 100 美元。"这就是人们在"现时偏见"作用下给出的回答，比起未来能获得的更大收益，人们更优先考虑眼前的利益。但"双曲贴现模型"的关键在于另一个问题。

问题 2："你是愿意在一年后得到 100 美元，还是一年零一个月后得到 120 美元？"

你的选择是什么？事实证明，大多数人更愿意在一年零一个月后得到 120 美元。此外，研究者还将时间更换为一天后、三天后等其他时间节点并进行了测试，所得结果相同。

虽然大家认为"今天"和"一个月后"的时间跨度相差甚大，但对差值相同的"一年后"和"一年零一个月后"这两个时间节点却认为时间跨度相差不那么大。由此可见，人们对时间的感知是非理性的。

实际上，"双曲贴现模型"在商务场合中非常常见。

例如，有这样一家公司，经理在评估下属时，需要将下属的最终评价汇总到 Excel 文件中。鉴于所有员工的数据都要从汇总文件中拆分出来，并制作成独立的文件，如果挨个手动操作，那么既烦琐又容易出错。

如果用 Python 编写程序实现整个流程的自动化，那么后续工作就会轻松很多。然而，到了评估的时候，他们却会觉得编写程序太过费时，仍然采用手动操作的方式进行。此外，每次都还商量着说："近期没时间可以浪费了，下次再花时间编写程序吧。"

从长远来看能够让大家皆大欢喜的工作之所以会被一拖再拖，是因为人们对时间的看法存在不理性之处。这就是"双曲贴现模型"的一个典型案例，在人力资源、会计、财务和行政等工作中很常见。

这个数字究竟是接近零还是远离零

话归正题，有许多研究证明，人们对更接近零的数字（今天和一个月后）之间的差异更为敏感，而很难注意到离零更远的数字（一年后和两年后）之间的差异。稍后将讲述的"前景理论"也是其体现。人们很容易注意到更接近零的 10 元和 110 元之间有 100 元的差额，却看不见离零更远的 10 000 元和 10 100 元之间有 100 元的差额。

想必大家都有过这样的经历？在便利店购物时，我们很容易就注意到了"10 元的价格差"；但在为了庆祝某事而购入高价物品的时候，却不会在意这 10 元的价格差。

这是因为我们在日常生活中经常接触到更接近零的金额，所以会下意识地对更接近零的价格之间产生的差异更加敏感。而我们看到离零更远的高价的机会相对较少，因此不会在潜意识中认识到这一差异。

的确，我们可能会经常购买 100 ～ 1000 元的物品，却很少有人会每天都买一万元以上的物品。这种经历会使我们对"价格差"产生不同的感受。尼克·查尔特和戈登·布朗在 2006 年发表的"抽样决策"（Decision by Sampling）理论就明确了这一点。

为将这一理论应用于人道主义援助，我和当年普林斯顿大学的博士生、现卡内基 – 梅隆大学教授奥利沃拉曾共同展开研究。

人们对"近零和远零"数值的意识差距是否也适用于对人生命的感受呢？我们在日本、美国、印度和印度尼西亚四国分别进行了调查。

研究结果表明，四个国家的人们都有着同样的倾向：大家对 1 人死亡和 2 人死亡的差异有强烈的直观感受，但在潜意识中对 40 人死亡和 41 人死亡的差异不太敏感。

这一倾向无关道德品质的好坏。我们在考虑人道主义援助和关乎人生命的重要政策时必须要重视这一点。

有趣的是，通过这项研究，我们也看到了国与国之间的差异。在日本和美国等基础设施发达、因重大事故或自然灾害而受灾惨重的情况较少的国家，人们很少会接触到同时有多人丧生的消息，对离零更远的数字之间的差异不那么敏感。而如果人们会频繁地接触到少数人丧生的新闻，就会更自然而然地意识到数字之间的差异。

在印度和印度尼西亚，由于安全防护措施不完善，基础设施相对薄弱，导致多人同时丧生的事故和灾难发生的频率要高于日本和美国。因此，当地人对遇难者数量这项离零更远的数字之间的差异更为敏感。这里同样无关道德品质的好坏，重要的是人们感受上的差异会影响到国家政策和人道主义援助。

同样值得注意的是，在这样一项涉及多个国家的研究中我们可以发现，虽然"认知习惯"普遍存在，但在不同国家之间也会有一些差异。

包含酒店的夏威夷之旅与"解释水平理论"

通过了解消费者的"认知习惯"如何受到时间影响，我们就能知道何时何地提供信息会更加有效。

例如有一家航空公司策划了一项包含酒店的夏威夷之旅，那么宣传蔚蓝的大海和温暖悠闲的氛围能够很大程度上吸引消费者。但如果宣传时间不合适，这也可能会适得其反。这就需要了解一种产生于时间的"认知习惯"——"解释水平理论"（Construal Level Theory），以更好地根据时间来改变宣传策略。

和前文中所提到的"现时偏见"相同，基本上人们都会把注意力放在"当下"，并对当前现实进行具体且实际的思考。相反，如果思考一周、一个月或一年之后的事情，随着时间距离现在的我们越来越遥远，我们的思维就会变得更加抽象——这就是"解释水平理论"。

以方才所说的夏威夷之旅为例，如果顾客正在考虑的是明年暑假的旅行计划，距离现在比较遥远，那么他们的脑海中所描绘的就是大海、氛围和街景等抽象画面。

而当旅行近在眼前时，顾客的想法就会转变为"如何从机场去酒店，有什么旅游优惠，酒店房间有浴缸吗"等具体内容。

换言之，如果这场旅行对顾客来说还是遥远的未来，那么注重整体印象（抽象）的宣传手法会更加有效。如果顾客在一周后就要启程，那么你的宣传中就应该加入吸引顾客的具体信息。是否知道顾客的出发时间将大大影响宣传计划。

用"计划谬误"搞定 240 个小时的项目

此前,我们介绍了许多与时间相关的"认知习惯",而商界人士普遍关心的应该是时间管理问题。我也是如此,咨询这种工作主要就是一种"项目要干 100 个小时,所以咨询费就该这么多"的商务活动。因此,为了使项目按照时间顺利推进,我格外注意"计划"。当然,我也会在其中运用行为经济学的理论。

首先你需要了解"计划谬误"(Planning Fallacy)这一概念。在研究中我们能见到许多令人遗憾的实例,"所有失败都是源于计划时低估了所需的时间和预算"。

人类有一种"乐观偏差",因而在制订计划时总是认为"应该会顺利进行"。此外,由于存在"解释水平理论",在制订未来的计划时人们只能进行抽象的思考。

更有甚者会制订很离谱的计划:"要完成这个项目,我应该需要 240 个小时。下个月就是最后期限了,所以我只要每天工作 8 小时就好。只要足够努力,肯定就能做到。"

然而,现实中人们很难每天都花 8 个小时来做同一个项目。但人们会出于"乐观偏差"而认为自己可以做到。由于存在"解释水平理论",我们只能以抽象的方式看见自己"尽力而为"的那个未来。因此，我们会陷入"计划谬误"的陷阱之中。

为了避免这种情况发生，我不会预测整个计划所需的时间，而是将计划分为若干个小任务，然后估算每个小任务所需的时间。

"把整个项目分为5个小任务，每个小任务需要10个小时。是不是这样推算整个计划所需的时间就可以了呢？"

不仅止于此，我们还要尽量详细具体地估算开会、调研下属、向客户解释等各项内容所需的时间。可以说，顾问的"时间销售业务"就是通过了解行为经济学的"认知习惯"并采取相应措施而打造出来的。

心理学家罗杰·比勒等人的一项研究发现，比起"乐观情况下所需的天数"，考虑"最坏情况下所需的天数"会更接近实际情况下所需的天数。尽管如此，还是会有10%的情况低估了实际所需的时间，这足以证明"计划谬误"的强大影响。

无论快乐还是厌恶，最终都会"享乐适应"

为了更好地进行时间管理，你需要了解一下"享乐适应"（Hedonic Adaptation）。

"享乐适应"理论认为，无论发生什么事情，人们的幸福感最终都会回到标准水平。你有过这样的经历吗？在买了新车、工作升职或有了新伴侣时，起初会非常开心，但很快就失去了这种幸福感。

这就是我们所说的"享乐适应"。如果一直做某件让自己感到快乐的事情，我们所感受到的幸福感就会逐渐下降，直到恢复到标准水平。人类很容易就感到习以为常。

因此，在行为经济学中，不停地做那些让自己感到幸福的事情实则会造成损失。如果你刚买了一辆新车觉得非常开心，提了车就立马开着它到处跑，一开就是好几个小时，那么你的幸福感很快就会降至标准水平。

相反，如果你把使用这辆新车的时间分散开来，比如只在周末的每天开一个小时，幸福感提升的持续时间就会更长。

那我们要如何将这一理论运用至时间的管理中呢？

实际上，"享乐适应"也适用于消极情绪。换言之，人们不仅会习惯于积极情绪，也会习惯于消极情绪。

当你对某项工作感到厌烦时，可能会倾向于频繁地中途休息。但当你感受到这种负面的情绪时，最好的方法其实是反其道而行之，"一气呵成"地完成它。

这是因为如果你一直做下去，就会习惯这种负面情绪，渐渐地不会再对其感到厌烦了。

相反，如果你断断续续地去做自己不喜欢的工作，就很难适应这种厌烦的情绪。这样一来，再去做这项工作的时候，你就需要花费更多的时间去说服自己重新投入。即使你真的投入了工作，也还是会带着同样的厌烦情绪，从而导致工作难有进展。

因此，从行为经济学的角度来看，"一气呵成"地处理掉自己不喜欢的工作更加合理。

应用到管理中也同样如此。在给下属派发工作时，可以通过设置完成的时间等方式让他们"一气呵成"地完成。反之，在分配较为愉快的工作或给予假期时，则应分散开来反复给予，以增强下属心理上的满足感。只要了解了时间相关的"认知习惯"，我们就可以采取这些更为有效的措施。

多伦多大学与"持续时间启发式"原则

如何在不费时间的前提下实现高效工作，一直是商界人士面临的难题。因此，在这个追求效率的时代，我建议大家充分运用行为经济学的理论。

不过，也有一些情况需要你多花时间。接下来将介绍一些"持续时间启发式"（Doration Heuristic）发挥作用的案例。

Doration 意为"持续时间""时间"。而 Heuristic 意为"启发式"，是一种与"系统 1"密切相关的"认知习惯"，促使人们凭直觉即时做出某些决定。换言之，"持续时间启发式"是指人们不根据内容，而根据所花费的时间来评价一项服务的"认知习惯"。

让我们来看一个具体的例子。假设你住在一户房门会自动上锁的公寓里。有一天，你把钥匙落在家里就出了门。所有家人都不在家，你自己根本回不去。没办法，你只好请专业技术人员来开锁。专业的技术人员只用了三分钟就把门锁打开了，却花了你足足 2 万日元（约合人民币 1000 元）。

你对此有何感想？大多数人可能都会想："他们就花三分钟，怎么收我这么多钱！"

但如果你理性地思考一下，无论开锁人员花的时间是长还是短，你所购买的开锁服务本身是不会改变的。然而，时间的长短就是会影响你的评价。这就是"持续时间启发式"，一种不理性的"认知习惯"。

多伦多大学迪利普·索曼等人的一项实验发现，与快速高效地开锁相比，人们往往认为，如果开锁人员花费时间更长，这项服务就更有价值。从效率的角度来看，这非常不合理，明明在更短的时间内为顾客打开门会更好。

我们每个人都有"持续时间启发式"思维，但比起想办法消除它，我们更应该合理避开、合理利用它。如果你是服务的消费者，你可以试着这样去思考："我觉得自己亏了是因为'持续时间启发式'在作祟，我只要关注最终结果就好。"

相反，如果你是服务的提供者，你就需要了解顾客有这样一种认为服务时间越长就越有价值（反之，服务时间越短就越不值）的"认知习惯"，并做出合理的应对。

举个例子，我刚开始做咨询时也是如此：大多数项目都需要投入大量的时间和精力，时长可达数百个小时，但在极少数情况下，我可以迅速地为这个项目提出解决方案。在这种情况下，我会立即向客户提交一份报告。这是因为有少数项目符合行为经济学的标准情况，我可以运用自己的知识快速解决。就比如本章所述的苹果标识摆放位置的相关问题。

但有客户会抱怨说:"如果短时间内就可以轻轻松松给我一份提案,那是不是咨询费也可以低一些呢?"

虽然我的确是在接到客户的委托后短时间内就提交了报告,但这是我在研究生阶段和创业期间投入大量时间和精力努力奋斗才得到的结果,是我平时勤奋、刻苦不断查阅新文献的结果。但这就像前文提到过的开锁人员的技能一样,一般人不太容易理解背后的原因。

在这种情况下,我建议不要直接提出解决方案,而是多花时间通过文献向客户解释这份方案背后的原理,详细说明自己是如何得出结果的。这样一来,客户就能明白你为这份解决方案付出了多少心血。

这也适用于一些需要速度的场合。就在前几天,一位甲方公司的首席执行官突然打电话给我说:"之前我们谈到过的产品开发问题现在又有了新情况,公司高层正在进行讨论。我想听听你的意见。"这种情况下,你就必须立刻给出答案。

刚开始工作时,我太过注重"客户很忙,所以要尽快答复"一事,所以会在问题提出后立即展开回答,明确"是"或者"不是"。但现在有了更多的经验,我就会这样回复:"上次和您谈过后我思考了许多，我的结论是……"换言之，我会先说明自己得出这一结论的思考过程，并明确告诉他们，我是根据行为经济学的理论，经过深思熟虑后才得出了这一结论。在正式给出答复前进行这样的铺垫，还可以在突然接到对方来电的时候为自己争取思考时间，可谓一石二鸟。

这一方法不仅在应对客户时效果甚佳，在与同事间的相处中也同样适用。假如你收到一封下属发来的邮件，询问你是否应该邀请对方公司的课长参加宴会。这对下属来说可能是个让人头疼的难题，但是你经验丰富，可以很快想出解决办法。这时，人们会倾向于要尽快给予回复，所以会秒回"是"或者"否"。然而，这种回复可能会让对方认为你没有认真对待他。在这种情况下，你应当花些时间在回复中解释一下自己为什么会给出这样的建议。这样一来，下属会认为你是在深思熟虑后给出的认真回答，对你的满意度也会有所提升。而这种解释也能让下属学到新知识，以便今后解决类似的问题。

SUMMARY
小　结

- "双重过程理论"（系统1vs系统2）是产生"认知习惯"的最基本理论。其中"系统1"又被称为"快思考"（fast），它依靠直觉进行即时决策。"系统2"又被称为"慢思考"（slow），它需要花时间深思熟虑和认真分析后做出决策。
- 不能简单地说"系统2"好、"系统1"不好。但应该认识到，运用"系统1"做出决策往往会犯错。
- "系统1"会衍生出多种"认知习惯"，其中的典型代表有"沉没成本""机会成本""热手效应"等。
- 五感也是一种"认知习惯"，重要的是我们必须知道大脑在接收身体所接收到的信息时存在什么样的"认知习惯"。其中的典型代表就是"概念隐喻"。
- "时间"也是一种"认知习惯"。你应当根据对方所考虑的是"当下"还是"未来"来改变自己传达的内容。具有代表性的理论包括"双曲贴现模型""解释水平理论"和"持续时间启发式"。

| 第 2 章 |

环境

人们所处的"环境"会影响决策

概述 & 测试

第2章中,我们将介绍导致人们做出"非理性决策"的三大要素中的"环境"这一要素下的相关理论。

实际上,我们每天做出的决策比我们意识到的要多得多。

- 吃什么。
- 穿什么。
- 买什么。
- 和谁一起过。
- 选择什么样的工作、职业。

剑桥大学芭芭拉·萨哈基安教授的研究表明,人每天要做出多达35 000次决策。

我们每天在脑海中都会做出无数次决策,但你是否认为这些决策是自己有意识地进行的呢?

事实上,不断有研究成果推翻了这一传统观点。接下来举例的内容将在第2章中详述,此处先做简略介绍。据报道,当人们购物时,如果周围没有其他人,就会倾向于购买便宜的商品;但如果周围有任何一个人,就会不自觉地选择昂贵的商品。尽管周围的人都是陌生人,但人们还是会这样做——这就是"在场效应"(Mere Presence Effect)的一大表现。此外,还有许多其他理论表明,人们实际上是迫于周围的"环境"才做出决策的。

接下来,让我们一起来学习这些影响人们决策、关于"环境"的行为经济学理论。

在正式进入第2章之前,我们先来了解一下第2章的概况。第2章共分为以下5节。

(1)人类受"环境"支配。

本书中所讨论的"环境"指大脑以外的事物。天气是好是坏,周围有没有人,事物和人的位置和顺序如何,身边的一切都是会让我们做出"非理性决策"的"环境"。

第1节首先会介绍一些研究和理论。这些研究和理论表明,意想不到的事情会影响我们的决策。而在本节中,我们还会学习"我们是迫于'环境'才做出决策的",这是本章的大前提。

(2)信息过多会影响人们的判断。

影响我们决策的"环境"中也包括"信息"。

如今,我们生活在一个信息泛滥的时代。而信息泛滥正是导致"非理性决策"的一大原因。

传统经济学认为"信息越多越好",但这已是信息匮乏时代的陈词滥调。这与我们的价值观从"吃得越多越好"到"吃得在精不在多"这一转变有着异曲同工之妙。

现如今信息泛滥，导致出现了越来越多的"非理性决策"。本节将通过真实的例子来介绍信息过多会如何影响经济和企业。

（3）选项太多，无法取舍。

此外，我们还将从第 2 节的"信息"进一步延伸，探讨"选项"决策的影响。

和"信息"一样，如今的"选项"也泛滥成灾。传统经济学认为"选项越多越好"（这样我们就可以选最好的那个），但实际情况并非如此。选项太多会导致我们出现"无法取舍""我也不知道为什么选了这个"等非理性现象。

本节将介绍选项太多的害处以及什么样的选项才能打动消费者。

（4）人们的决定会因表述内容和形式的不同而变化。

那么，世界各地的企业是如何利用"环境"来推动业务取得成功的呢？本节中将介绍背景音乐、菜单的展示方法、展示信息的顺序等行为经济学的一系列代表性研究和真实案例，你可以将其充分应用到自己的工作中。

人们是迫于"环境"才做出决策的，我们可以反过来有效地利用这一点。

第 2 章 环境：人们所处的"环境"会影响决策

（5）只须改变"时间"，人们的决定就会发生变化。

除了第 4 节中的"内容"和"形式"，改变"时间"也会促使人们做出自己所希望的行为。本节中将介绍影响决策的"时机"的相关研究和理论。

在进入正题之前，我们先来做一个关于"环境"的小测试。

测试

- 图 2-1 中有一左一右两条线段，其中哪条更长？
- 图 2-2 中所写的文字是什么？

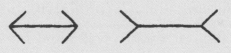

图 2-1　两条线段哪个更长

12 B 14　ABC

图 2-2　数字还是字母

人类受"环境"支配

人类的决策和行为会受到所处情境和环境的影响,以上两个小测试就是这方面的一个缩影。

很多人会认为图 2-1 中右边的线段看起来更长,实际上两条线段的长度是相同的。但由于左右两端的斜线不同,线段的长度看起来也有了差异。在编辑时,我甚至用尺子亲自测量了一下,它们的长度的确相同。

大多数人会把图 2-2 中右边的文字读作"A、B、C",而把左边的读作"12、13、14"。但如果你仔细观察,就能发现其中的奥秘。其实左右两边中间所写的内容都是一样的,但因为周围其他内容不同,所以右边看起来是字母"B",而左边看起来是数字"13"。

由此可见,人类会不断受到周围"环境"的影响,从而改变自己的决策和行为。

"一般情况下,是'环境'在做决策,而非人类自己。"

你可能会对这个说法感到不适:"难道我自己就没有做选择吗?"但许多研究已经证明,事实的确如此。

天气决定大学择校

"今天天气真好呀,我心情也好了。"

很多人会在阳光明媚的晴天里感到心情舒畅,而在阴雨连绵的时候感到有些压抑。这一现象在众多学术领域中都有相关研究,比如"气压的变化会影响自律神经系统""荷尔蒙的分泌会随着日照时间的变化而变化"等。

天气也在我们的"大脑之外",所以行为经济学所关注的是天气如何影响人类的决策和行为。

西班牙拉蒙尤以大学的尤里·西蒙森研究得出,"上哪所大学"这一与未来息息相关的重大决定实际上也深受天气的影响。

日本的入学考试通常只看卷面考试成绩,而美国的入学考试一般会综合评估学生在高中时期的学习成绩、课外活动(如体育、音乐和志愿者工作）以及推荐信。

尤其是在美国，"学生选择大学"的意识非常强烈，所以校园的开放性显得尤为重要。我听说，目前在日本参观大学越来越普遍。而对于美国学生来说，与教授见面、参观宿舍和食堂等校园设施是他们择校的一大重要因素。

大学择校虽然并不能决定整个人生，但无疑是生命中一个重要的里程碑。

然而，这项行为经济学研究发现，人们最终会选择自己在阴天时参观的学校。如果选择的是在晴天时参观的学校或许大家还能接受，但结果却是阴天。这是人类心理中非常有趣的一点。

这是人们过度地将自己的情绪与天气联系在一起造成的结果。

举个例子，如果你觉得俄勒冈大学不怎么样（实际上我自己是在晴天去参观的这所大学），你就会认为"一定是因为天气不好，大学本身肯定更好"。这时，你就会反而高估这所大学。

另外，研究结果还指出，人们如果在阴天时参观校园，他们所高估的并非校园的校容校貌等外在因素，而是"课程优良"等实质性因素。由此可见，人们的判断会随着"环境"的变化而变化。

即使是在大学择校这般重要的问题上，我们也能得出这样的结果。不难看出，"环境"会在多大程度上对人们的决策产生影响。

"系列位置效应"：为什么55%的人都选了第一种红酒

与大学择校一样，大学毕业后找工作也是人生的一大里程碑。可即便如此，人们显然也是迫于"环境"做出相关决策的。

假设有十名学生共同参加一个竞争激烈的工作面试，该面试需要轮流进行。如果参加面试的学生可以自行选择面试的次序，而你是其中之一，你会选择第几个面试？

如果你认为选择第四个面试更为稳妥，那么你就很有可能会错失良机。此外，这还不仅限于应届生求职面试。有研究表明，无论是在有竞争对手的情况下做演讲，还是参加演员试镜，整个流程中"打头"和"收尾"的人最有可能通过。

要解释这一结果的原因，就需要先了解好几种理论。

首先是"系列位置效应"（Serial Position Effect），即当一个人试图记住一些信息时，信息的"顺序"会对其在记忆中的留存程度产生影响。虽然你只参加一次面试，但面试官需要面试一大批人。如果面试官压根没记住你,那么你就没有被选择的可能,所以我们必须要给面试官留下好印象。

而这就是"首因效应"(Primacy Effect)和"近因效应"(Recency Effect)理论能够"大显身手"之处。

"首因效应"由美国心理学家所罗门·阿希提出,它是指我们最先接收到的信息会给我们留下深刻的印象并产生强烈的影响。

而"近因效应"这一理论认为最新接收到的信息会对决策产生极大的影响。该理论由德国心理学家赫尔曼·艾宾浩斯提出,所罗门·阿希将其进一步推广。

"系列位置效应"理论指出,人们记忆的保留程度会因"顺序"而改变。在"首因效应"和"近因效应"的作用下,最先和最后接收到的信息会更令人印象深刻。

初听这些理论,你也许会轻描淡写地认为自己也有这种感觉。但重要的是通过了解"首因效应"和"近因效应"的行为经济学背景,来思考自己在关键时刻被"环境"操纵的可能性。

现在反过来,假设你是一名招聘应届生的人事,你会根据第一印象、谈话内容和个人简历做出选择,但你可能会给第一个和最后一个面试的学生更高的分数。

常常有可能是"环境"让你决定"聘用这名学生",而非你自己的本意。因此,在选择第一个和最后一个面试的学生之前,你应该先注意自己是否受到了"环境"的过多影响。

另外,你也可以根据选拔者进行最终讨论的时间点来充分利用行为经济学中的"系列位置效应"。

假设在一次公司内部会议上,五位同事要轮流介绍自己的企划。此前我们已经学习过相关内容,如果可以选择上台顺序,最好选第一个或最后一个。

但如果要从第一个和最后一个之中做出选择,哪个又会更好呢?

如果会议结束后高管们将在当天进行最终讨论并给出结果,那么根据"近因效应",最后一个上台会更好;如果会议结束后高管们将先自行商讨并于下周给出结果,那么最好第一个上台,更能发挥"首因效应"的作用。

相反,如果你不想被选中,也可以反过来利用"系列位置效应"。

如果你的公司推出了一个新方案,将创建一个远程办公团队,并通过面试选拔其成员。但你不想远程办公,那么就应该选择一个尽可能不引人注目的顺序。从行为经济学的角度来看,你可以避开第一个和最后一个,悄悄混入中间,这样就不会太显眼。

除了与工作相关的研究,还有一些论文研究了"系列位置效应"会如何影响消费者的选择。

在一项实验中,受试者被告知该研究是"调查当地的葡萄酒",并品尝了三款当地的葡萄酒。虽然实验时告诉受试者这是三款不同的葡萄酒,但其实都是同一款。

品尝后,研究人员会询问每位受试者:"你最喜欢的是哪一款?"超过一半(55%)的受试者都选择了自己品尝的第一款。

这是一种显著的"首因效应"。换言之,超过一半的受试者都选了自己品尝的第一款葡萄酒。选择第二款和第三款的人数比例大致相当,均略低于25%。这种结果不仅出现在不太了解葡萄酒的"门外汉"之中,甚至在通晓葡萄酒相关知识的"内行人"中也出现了类似结果。

5 美元的电池与"在场效应"

"环境"也包括"周围有人"这一情况。实验结果表明,人们的决策会因周围恰巧有其他人而发生改变。

在该实验中，研究者会给受试者 5 美元，让他们去店里买一块电池带回来，并表示剩下的零钱归受试者本人所有。换言之，受试者买的电池越便宜，受试者本人能得到的零钱就越多。此外，实验助手还会悄悄混入店里的顾客中。

有趣的现象发生了。如果摆放电池的货架周围没有其他顾客（实验助手），只有 33% 的受试者购买了货架上最贵的名牌电池。而当身边有一名顾客时，这一比例增加了约 10%，达到了 42%。当身边的顾客数量增加到三名时，高达 63% 的受试者购买了货架上最贵的名牌电池。

对受试者来说，周围的顾客都只是路人，大家素不相识。既不会盯着自己看，也不会说任何话。可就是因为那些像风景一样单纯站在那里的陌生人，人们的行为发生了变化。这就是 "在场效应"（Mere Presence Effect），它是指人类会受到他人在场的影响。

同时，受试者还意识不到自己受到了他人在场的影响。

由于 "周围是否有其他顾客" 这一 "环境" 因素只在人们的潜意识中发挥作用，因此哪怕你问受试者 "为什么要买这款电池",他们也只会回答:"因为我觉得名牌电池能用更久。"

这不是谎言,也不是伪装,而是他们真实的想法。该实验也证明了第 1 章中的结论——"营销调研很困难"。

20 美元的星巴克礼品卡有时也会引发"过度合理化效应"

"我的工作明明是我喜欢做的事,但我却提不起干劲。"

从理性角度来看,我在做我想做的事,所以我应该干劲满满。然而,一旦你把爱好变成了工作,你的干劲就会受挫。这种奇怪的现象也是人类身上的一大"不理性"之处。

事实上,人们的干劲也取决于所面对的"环境"。一个典型的例子就是"过度合理化效应"(Overjustification Effect)。

"过度合理化效应"理论认为,如果向原本就有内在动机的人提供外在动机(如经济奖励),他们的动力就会降低。

举个例子,某家公司的小 A 平时会利用自己的爱好(视频剪辑)来帮助同事。他喜欢视频剪辑并且乐在其中,同时也为自己能够帮上忙感到高兴。所以即使没有任何加班费,他也会主动请缨。当他的上司知道这件事后,就表示会给他发放一笔"特殊奖金"。

起初，小 A 还觉得自己"很幸运"。可过了几个月，他渐渐就不喜欢视频剪辑这份工作了。

"我开心，我愿意做，我想发光发热"，这是一种源于内心的、纯粹的内在动机。

而"特殊奖金"则是由外部给予的，属于外在动机，它把"因为喜欢所以去做"的事情变成了"为了奖金而被迫做的工作"。如果你自愿无偿地去做某事，那么只需在有时间的时候提供帮助即可。可是一旦有了奖金，这就变成了一种义务和压力。

我也有过类似的经历。我初入社会时，将在自己首次参加的行业组织会议上发表演讲。为了这次演讲，我投入了大量的时间和精力，对其进行了精心的准备。此前我一直在学术界活动，能让商界人士聆听我的演讲在我看来是一次难得的机会。所以，即便没有任何报酬，我也怀揣着满腔热情，想尽我所能去做。

然而，在演讲结束后，主办方递给我一个信封，说是为了感谢我给大家带来的这次精彩的演讲。我打开一看，信封里装着一张价值 20 美元的星巴克礼品卡。当时的我失望至极，因为这好像是在告诉我"你的演讲仅值 20 美元"。这段经历至今令我记忆犹新。

为了不挫伤那些因为内在动机而去努力工作的人们的积极性，我们可以用语言和态度来代替"报酬"。可以是一句礼貌的话语："太谢谢你了，这些观点非常棒！"也可以是端去一杯咖啡："谢谢你帮我剪辑视频，真是帮大忙了。"

在这种情况下，咖啡并不是一种"报酬"，而是一种表示感谢的行为，或者说是一种表示谢意的态度。

方才我提到的行业组织会议演讲一事，其实还有后续。在最后的问卷调查中，我的演讲获得最高评价。虽然我在次年的会议上才得知此事，但对我来说，听众们的高度评价本身就是一种"报酬"，礼品卡与之相比，简直是小巫见大巫。这个小插曲也让我对行为经济学的"效果"有了切身而深刻的认识。

信息过多会影响人们的判断

在上一节中，我们介绍了"人们如何迫于'环境'做出决策"，希望大家都有所理解和体悟。接下来，我们将重点介绍"环境"中的"信息"。

如今，我们生活在一个信息泛滥的时代。由于信息过多，人们常常会被裹挟着做出许多非理性的决策。正是因为生活在这样一个时代之中，我们需要学习的内容还有很多。

微软"平均 24 分钟"结论

当前，提高注意力以充分利用有限的时间、做出精确的决策是商界精英们的共同愿望。

虽然希望自己尽可能消除妨碍注意力的因素，但实际上，大家还是会发现自己处于无法集中注意力的境地。在行为经济学中，这种信息过多会导致人们做出非理性的行为的现象被称为"信息过载"（Information Overload）。

现实中，人们会因为"信息过载"而做出多少非理性行为呢？我们先来了解一下相关情况。

例如，人们每天会收到多少封电子邮件呢？

最近的一项调查显示，IT 工程师、律师、顾问和金融分析师等以其专业知识为基础从事智力工作的"知识工作者"，每天至少会查看 50 次自己的电子邮箱，多者甚至会达到 100 次。

尽可能减少查看邮箱的次数有助于保持注意力集中，提高工作效率。虽然我们心里都明白这一点，但很多人还是会一遍又一遍地打开邮箱。这就是"信息过载"导致的结果。此外，人们邮箱中的邮件有 85% 都会在收到后的 2 分钟内被点击查看。

美国在线（AOL）对 4000 人进行的一项调查发现，多达 60% 的人在如厕时会查看自己的电子邮件。另一项调查发现，85% 的电脑用户表示自己即便在度假也会带着电脑。这足以说明人类在很大程度上被过剩的信息牵着鼻子走。

事实上，微软的一项研究表明，查看电子邮件会降低工作效率。

微软研究人员对公司员工进行的一项调查发现，如果手头的工作被突如其来的电子邮件打断，那么人们平均需要 24 分钟才能重新专注到原来的工作之中。类似的研究表明，约 80% 的公司高管表示，过多的信息会干扰到他们的决策。中断工作的时间占据总工作时长的比例之所以会高达 28%，一大"罪魁祸首"就是电子邮件等信息过多。

但是，是否所有邮件都需要我们停下手头的工作立刻打开查看呢？实际上，英特尔对 2300 名员工进行的一项调查得出了一个极具讽刺意味的结果——多达 1/3 的邮件并不需要我们立刻打开查看。

即使意识到"信息过载"的负面影响，许多人仍然坚信自己需要大量信息才能做好工作。你不仅需要明白信息过载的负面影响，还需要学会在恰当的时机花恰好的时间去寻找那些对自己做决策真正有用的信息。

行为经济学：信息绝不能过多

"信息过载"对宏观经济有着重大影响。

根据 IT 咨询公司 Basex 的一项调查估计，每年因"信息过载"导致效率降低的员工，会给整个美国经济造成至少9000亿美元的额外损失。

我们曾反复提到过，"信息越多越好"是传统经济学的观点。传统经济学的基础是"人们可以在做出正确、理性的决策这一基础上采取行动"，因此你可以在大量信息中选择最好的一个。

然而，正如我们在行为经济学中已经学习到的，人类会做出非理性的决策。因为人们在自主思考之前就已经凭借"系统1"做出决策并采取行动，所以如果接触的信息过多，反而会导致注意力不集中、身心健康受损，以至于无法做出最佳选择。

换言之，过多的信息会让人疲惫，阻碍人们做出决策。

如果你是一位有下属的管理者，要为下属着想就应当注意他们的"信息过载"问题。

人们常说"指示和反馈要简明扼要"，这在行为经济学中就叫作避免"信息过载"。否则，下属就会"不理解""记不住要点""不知从何下手"。过多的信息会分散他们的精力，让他们难以努力去理解，从而无法做出决定。

就销售而言，近期各大公司提供的服务范围不断扩大，所销售产品的相关知识也存在"信息过载"问题。销售不仅要了解现有产品，还需要了解新产品的相关信息及其优缺点。此外，销售还必须处理客户和其他利益相关方的相关信息，了解他们的购买历史，当然，还必须了解竞争对手的产品。

另外，如今，金融和制药公司的合规性要求非常严格，所以还必须牢记很多详细的注意事项。

为防止出现"信息过载"，不应让下属一次性牢记各种产品，而应该从尽可能少的产品开始，或者分清主次，给产品排序。最好不要一次性传授所有知识，而是先培训他们讲解简单产品和销售产品的能力。等他们掌握后，再分阶段向他们介绍其他产品的相关知识。

此外，在撰写本书时，新推出的人工智能ChatGPT成了一大话题。ChatGPT可以帮助人们开展业务，节省大量研究时间，其中一大原因是这种人工智能能学习海量数据，并以自然的文风进行总结。同时，ChatGPT还具有较高的认知流畅性，可以有效防止出现"信息过载"。

还有研究表明"信息过载"不仅会降低工作效率和满意度，还会导致心理和生理"疾病"。

香港大学的阿里·法福曼德等人对1300名管理人员进行了调查，发现25%的人受到"信息过载"的影响，深受头痛、抑郁等与压力有关的问题和疾病困扰。

既然如此，我们为什么还会去看电子邮件呢？为什么还会沉迷于手机无法自拔呢？

其原因是丹·赫尔曼所提出的FOMO（Fear of Missing Out），即"错失恐惧症"。我们之所以不断地查看信息，是因为我们害怕只有自己错过那些有意思的信息。

一家出版社如何让读者避免"信息过载"

相反，我们也有办法让别人更容易接收过多的信息。

实际上，你正在阅读的这本书就采用了这样的机制。

图书正是容易导致"信息过载"的一大代表。虽然各种书的篇幅有所不同，但一般而言，一本书可以含有多达10万字的信息。如果你对信息不做任何处理，就无法让读者看到你想要传达的内容。

本书所有与研究相关的信息几乎都来自约190篇原创的研究

论文，极少引用其他图书的内容，是一本以证据为基础的教育类图书，但仅仅通过阅读本书的各个章节，读者很难了解这一点。因此，我们在书末的"参考文献"中列出了所有论文的相关信息，并大胆地在其中填入了"颜色"。

如何减少因"信息过载"而忽略信息内容的现象呢？其中一种方法就是"制造差异"。人们是通过"比较"来感知事物的，因此，在大多数其他页面都是"白色"底色的情况下，大胆地填入"颜色"，就能让人们感觉到不同，从而吸引人们的注意力。此外，除了"参考文献"部分，本书的每章"小结"等重要部分也填入了"颜色"。

选项太多，无法取舍

4000 种卫生纸与"选择过载"

我们还要考虑从"信息"派生而来的"选项"。如果你是一名商界人士，那么应该能发现，自己常常需要向其他人提供选项。

举个简单的例子，你应该为购买自己所在公司产品和服务的客户提供多少种产品和服务的选项呢？在向上司提交议案时，你又应该以什么样的方式提供几种议案的选项呢？

行为经济学中还有一个与"信息过载"类似的理论，那就是"选择过载"（Choice Overload）。选项过多会让对方无法做出取舍。

"信息过载"会阻碍决策、妨碍行动，从而导致"选择过载"（选项过多）。

在 2022 年美国的一项"选择过载"调查中，28% 的受访者表示"购物时面对的选项太多"。尤其是日用品，48% 的受访者表示"选项太多，无法取舍"。

如果你在美国亚马逊网站上搜索"卫生纸"，那么会跳出 4000 种以上的商品供你选择。卫生纸是人们的生活必需品，有人喜欢单层，也有人喜欢双层，还有人对柔软程度有着自己的偏好。但有一点是肯定的，那就是你绝对不需要多达 4000 种选项。

传统经济学假设"人类会对 4000 种卫生纸进行比较，并综合价格、质量和评价来选择最好的一种"，这看起来确实非常合理。

但实际上呢？行为经济学是一门解释"人类实际行为"的学问。我们虽然会做比较，但更多的是凭感觉做出适当的选择。

例如你想省钱，就会点击"促销商品"一栏——即便商品正在打折促销，如果原价很高，那么应该还有比该商品更便宜的替代品。但你却没有考虑到这一点，在"系统 1"的作用下直接做出了选择。

去过美国的人可能会知道，美国的大型超市里往往陈列着种类繁多的饮料。从碳酸饮料、运动饮料到咖啡、能量饮料，甚至有些超市还摆放着 100 多种健康饮料，其中就包括最近风靡一时的红茶菌饮料。

超市准备这么多种商品的初衷可能是好的，但消费者实际上很头疼。他们要花费大量的时间和精力逐一比较，来选出最适合自己的那一款。很多人甚至直接选择放弃购买，更不用说对各种商品进行比较和商讨了。

最近，日本也有越来越多的人开始通过网络收集信息。前几天，我在日本某食谱 app 上搜索"火锅"，竟出现了多达 5 万条的结果。即便加上"＃简单"这个标签，搜索出的结果也还有 1000 多条。如果你正忙得不可开交，仅是想节省时间来找一个只须切好食材就能做的火锅食谱，那么逐一查看每个选项显然是没有意义的。

为什么要销售 100 多种不同的饮料呢？没有理由要以同样的方式销售这么多种饮料啊。

尽管如此，为什么零售商和电商网站还要上架这么多商品呢？

原因显而易见：如果选项太少，人们就提不起兴趣。前面提到的食谱 app 也以"内含超过 382 万种食谱"为卖点。店家利用"选项越多越好"这一人们的臆想，将大量同类的相似商品堆砌在一起，从而提高店铺的吸引力，增加店铺的客流量。可结果很讽刺，这反而造成了"选择过载"现象，导致消费者最终选择不做选择。

亚马逊和 TikTok 的"选择架构"

由此可见，人类虽然希望自己有很多选项，但如果选项过多他们又无法做出选择。虽然这看起来很矛盾，但非理性的人类就是如此。

如前所述，当我们面对的选项过多或是选择自己不了解的商品时，就会出现"选择麻痹"（Choice Paralysis）。最终，我们往往会推迟做出选择或是选择"不选择"，导致"想选却没有选"这一结果。

那么，我们要如何提供选项才能让对方做出选择呢？"选择架构"（Choice Architecture）理论由此而生。"架构"（Architecture）意为"设计"，"选择架构"就是一种探索设计选项最佳方法的概念。

实际上，世界各地的企业都在运用"选择架构"理论。

亚马逊通过积累用户数据并使用算法来提供"猜你喜欢"功能。同时，还给出了"价格排序、最新排序、人气排序"等筛选方式，以方便消费者做出选择。而这也是一种"选择架构"。

另外，TikTok 采用了"一开始就被动选择"这一方法。

实际上，当你使用 TikTok 时，你点开软件，无须做任何选择，视频就会立即播放。软件内的视频数量如此多，以至于用户无法自主做出选择，就连自己也不知道自己想看哪些视频。因此，软件从用户点进去的那一刻开始，就会自动播放用户可能感兴趣的视频。这样一来，用户就不必再进行选择了。

此外，自动播放视频也会发挥"现状偏差"的作用，使用户像在消磨时间一样持续地观看下去。这就是 TikTok 风格的"选择架构"。

网飞也是如此。每当点开软件，推荐剧目就会开始自动播放。这也是一种防止用户陷入"选择过载"的机制。

此外，与其他视频播放软件一样，网飞也根据用户的历史观看数据创建了一个"选择架构"，以确定用户的属性和喜好。

如何让人们在两个月后依然对一款红酒赞不绝口

接下来，我们还将介绍一些颇具效果的"选择架构"案例。

企业可以通过明确某些特定信息，使消费者陷入"选择过载"困境。

科罗拉多大学博尔德分校利兹商学院的林奇教授等人曾在我博士后期间对我帮助颇多。他们开展过一项关于葡萄酒的实验，以此研究如何让消费者更容易从销售网站上琳琅满目的葡萄酒中做出选择。

实验结果表明，如果葡萄酒的产地和"甜度、酸度、涩度"等质量指标更容易理解，就会有更多的人来购买这款葡萄酒。此外，在了解了葡萄酒的质量相关的信息后，消费者对其价格的容忍度也会提高，能够毫不犹豫地做出选择。

该实验还在两个月后进行了跟踪研究。结果显示，在了解了该葡萄酒的质量相关信息后，购入该葡萄酒的消费者，其中大多数人在两个月后还会对自己曾经购买的那款酒赞不绝口。

尤其是像葡萄酒这样一般人通常会很难做出选择的商品，最好要清楚地说明其质量相关的信息。如果商品在网上销售，就要方便消费者搜索。

前文中提到的菜谱 app 就提供了一种"选择架构"。用户每月支付 400 日元（约合人民币 20 元），就可以按人气顺序查看热门菜谱，既省时又省力。

此外，在选择过程中使用"决策树状图"也有助于我们避免陷入"选择过载"（见图 2-3）。

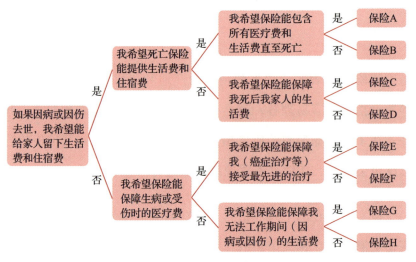

图 2-3　决策树状图范例

在日本，所有公民都享有共同的医疗保险制度。但在美国，每个州都有不同的保险计划，最多的则有四十多种保险可供选择。这就是"选择过载"的典型案例。在这种情况下,图 2-3 所示的"决策树状图"式的选择过程要比同时把数十种保险摆在人们面前更好。大家只需要回答"是"或者"否",就能找到最适合自己的保险计划。

随着人工智能的发展,今后"决策树状图"将愈加凸显其重要作用。

最好的选择方法是十选一

那么,从行为经济学的角度来看,我们应该为对方提供多少种选项呢?

我在杜克大学就读时的好友、如今的多伦多大学副教授阿夫尼·沙阿曾对在提供不同数量选项的情况下有多少人会购买这一问题进行调查。

这个实验的受试者是学生,他们会被告知"如果这里面有你想要的笔,你可以选购一支。如果没有,你可以不买"。其中一部分学生面对的是"二选一",另一部分学生面对的则是"二十选一"。依次类推,受试者们面对的选项数量不尽相同。

结果如图 2-4 所示,二选一时有 40% 的学生购入了一支笔。

当选项从四选一、六选一等逐渐增加时，购买率也随之增加。其中十选一时的购买率最高，约为90%。

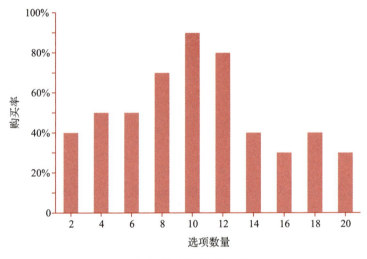

图 2-4　选项数量与购买率

资料来源：Shah,A.M.,&Wolford,G.(2007).Buying behavior as a function of parametric variation of number of choices. PSYCHOLOGICAL SCIENCE-CAMBRIDGE, 18(5), 369-370.

但当选项数量增加到 11 及以上时，购买率就会下降。当选项数量增加到 20 时的购买率比二选一时还低。

当然，合适的选项数量取决于产品类型、购买环境（线上购买或线下购买）和客户群体。你应该有意识地考虑你的产品最适合有多少个选项。

"助推理论"：即便如此，"今日推荐"也依然有效

选项越多，就越容易吸引人。但是过多的选项会引发"选择过载"，从而导致人们难以取舍。

因此，如果你想在商务中运用这一点，就应该改变你展示选项的方式。无论你的商品是在做营销还是已经摆上货架，都应如此。

例如你是一家酒吧的老板，你的酒吧的卖点就在于"多种多样的手工啤酒（多达100种）"。

在这种情况下，你应该充分利用这一卖点：在进行促销等活动吸引顾客的时候，你应该大力宣传"我们的酒吧有多达100种手工啤酒"，这将有助于招揽顾客。

但如果顾客已经踏进店门，而你还在一味宣扬"本店有多达100种手工啤酒"，这反而会造成"选择过载"。

要如何解决这一问题呢？虽然可以按照啤酒的种类、口味和酒精含量进行分类，再按照易于顾客阅读的方式进行整理，但你也可以尝试运用成效显著的"助推理论"。例如写上"今日推荐""热门啤酒"等，帮顾客做出选择。

此外，你还可以这样推荐——"试试这款啤酒，能让你神清气爽"，顾客听后就可以根据自己的心情做出决定。一句"试试它吧"就能轻轻推一把顾客，让他们不必去逐一品尝上百种啤酒，而是做出默认选择（你所推荐的啤酒），还能让他们为自己做出了正确的选择而感到满意。尤其在酒吧里，顾客往往是一边和朋友聊天一边看菜单。这时，"系统2"很难发挥作用，而让他们在"系统1"的驱动下高高兴兴地"被安排"的"助推"，对他们来说也是很好的选择。

可以看出，我们生活在一个"选择过载"的世界中。无论面前的选项如何整理而成，如何表现出来，其中都蕴含着企业所创建的"选择架构"。

跟乔布斯学习"随意选择"的秘诀

此前，我们主要讨论了如何让对方更容易做出选择。这节内容的最后，让我们一起看看让你自己更容易做出选择一事的重要性。

在商业世界中，你每天都可能面临着无数的选择。此前也提到过，从传统经济学的角度来看，我们最好是对所有选项都加以讨论，在深思熟虑后再做决定。但在当今社会里，在现实生活中,这完全做不到。作为商业社会中的一环,你必须避免自己在选择上花费太多时间,避免自己"最后选择了不选择"。

那么,我们该如何摆脱"选择过载"这一困境呢?

一种方法是"一开始就不做选择"。

史蒂夫·乔布斯就曾以只穿黑色高领毛衣而闻名,美国前总统奥巴马也曾表示"我只有三套西装",马克·扎克伯格也以同样的方式将自己的穿搭单一化。他们都选择了"一开始就不做选择"。

如果你在自己的大脑中构建一个机制,让自己不必对无关紧要的事情做出选择,那么你就可以减少在其他重要事情上陷入"选择过载"的可能性。不花时间在纠结穿搭上,就能让大脑有更多精力去利用"系统 2"研究更重要的事。

还有一种方法是重新看待现实。

首先,有那么多重要的选择吗?即便有,其结果会因为你的选择不同而发生重大变化吗?

我们每天都会做出无数的选择,但并非所有的选择都重于泰山。事实上，很多时候无论我们选择哪个，结果都不会有太大的改变。如果我们把时间都花在了选择上，就会错失很多机会。而且在注意力经济时代，这还会浪费我们的注意力。

我想建议大家首先留心这样一个问题："我们是否应该在这个选择上花时间？"那些"怎么样都可以"的事情恐怕占了我们生活的大部分，而我们应当对此随遇而安。

举个例子，有些人常为一种烦恼所困扰——"快过年了，我应该先给谁道新年祝福呢？是先问候课长这位我的直属上司，还是问候这层楼里职位最高的部长？"但其实对方根本不在意你问候的先后顺序。还有人会为出差时选择哪家航空公司的航班或哪家酒店而发愁，但其实出差时在酒店度过的时间相当有限，选择哪家酒店并没有太大区别。我个人认为，除非是"绝对需要花时间好好做的事"，否则都可以不费时间直接选择默认选项，做出决定这件事本身是很容易的。在资源有限的商业世界里，"无所谓，那就随遇而安"的策略实际上更有效率。

另外，当我认为某件事无论怎样都可以或者这只与个人喜好有关的时候，我也会尽量去听取下属的意见。因为我必须做出很多关键性的决策，这样有助于防止我自己陷入"选择过载"。同时，我还可以将更多的时间花在经营战略或会见重要客户上。

而且，通过赋予下属"我信任你，由你来做决定"的权力，也可以向他们表达你的信任。这样一来，还能让他们得到锻炼。当然，作为上司，你自己应该承担这样做的责任；反之，如果下属完成得非常好，你也要表扬他们。

人们的决定会因表述内容和形式的不同而变化

娜奥米·曼德尔的调查与"启动效应"

在本章的前面部分,我们已经了解了"我们是被迫做出决策的"这一基本前提。我们也看到了"信息过载"和"选择过载"等我们这个时代特有的"环境"如何影响我们的决策和行为。

但是,还有无数其他的"环境"要素是在"我们大脑之外"的,如零售店里播放的音乐、一天中的天气或时间、我们碰巧看到的数字等。

如果在我们进行思考和自主选择之前,其实"环境"就直接命令我们这样做呢?

在本部分内容中,我们将介绍广泛存在于信息和选择之外的其他"环境"因素的相关理论。

"启动效应"（Priming Effect）就是大脑受到无意间看到的"环境"影响的常见例子。"启动效应"是指一个人的行为会因为一个引物（刺激物）的出现而发生改变。

"启动效应"非常耐人寻味，颜色、音乐、位置和气味等刺激都会在不知不觉中影响人们的决策。

亚利桑那州立大学的娜奥米·曼德尔在一项调查中制作了两个销售汽车的电商网站，都销售"安全导向型"和"价格导向型"这两类汽车。这两个网站仅在产品的背景颜色上有所不同，其他部分完全相同。调查结果如何呢？

在绿色背景的网站上，66%的受试者选择了"价格导向型"，34%的受试者选择了"安全导向型"。和日本有所不同，在美国，由于1美元的纸币是绿色的，人们往往会将"绿色"和"金钱"联系在一起。因此，在绿色背景的网站上，更多的人选择了"价格导向型"。

而在红色背景的网站上，选择"安全导向型"的受试者比例增加到50%。在人们看来，"红色"往往象征着"火焰、爆炸、危险"，也就意味着"事故"。因此，更多的人在潜意识中选择了"安全导向型"。

仅网站背景颜色就能在潜意识中影响人们的决策。因此，就很好理解为什么引入行为经济学的公司数量会日益增加了。

如果播放法式音乐，那么 83% 的顾客都会购买法国葡萄酒

我们再看一个关于"启动效应"的研究。

该研究在一家葡萄酒商店进行了调查，在连续两周的时间里，每周都会更换店内播放的音乐，并调查葡萄酒的销售情况。该店摆放了法国和德国的葡萄酒，这些酒的价格范围大致相同，甜度和涩度也保持一致，除了背景音乐不同之外，没有其他区别。当然，摆在最显眼位置的葡萄酒会更容易卖出，所以研究人员每周都会更换葡萄酒的摆放位置，以确保不会因为摆放位置而导致不公平。

结果显示，店内在播放会让人联想到法国的法式音乐时，当天 83% 的顾客都购买了法国葡萄酒。相反，在播放会让人联想到德国的德式音乐时，当天 65% 的顾客都购买了德国葡萄酒，购买法国葡萄酒的顾客占比降至 35%。

有趣的是，这项研究还在调查后向顾客坦白"这是一项调查"，并对顾客又进行了问卷调查。问卷的问题如下：

"实际上，我们在店内播放了会让人联想到法国的法式音乐。你是不是因此而购买法国葡萄酒的呢？"

然而，实际上只有约 15% 的受试者意识到了这一点。剩下的 85% 的受试者虽然选择了法国葡萄酒，但却完全没有意识到音乐对其选择的影响。

除了这项实验，还有其他研究表明，当店内播放古典音乐时，人们会倾向于购买更贵的葡萄酒。

在数项实验中，顾客都认为是自己独立自主地做出了选择。然而，从数据中可以看出，我们在很大程度上都是被"环境"所左右的。

这种"启动效应"也可以应用于提升员工业绩。例如有一项研究发现，当 CEO 在内部邮件中加入 12 个能唤起大家成就感的词语时，员工的绩效提高了 15%，效率提高了 35%。

这 12 个词语分别是胜利、实现、竞争、努力、繁荣、志得意满、达成、掌握、获胜、成功、利益、完成。

此处是从英语直译而来的，所以看起来可能会有些奇怪。但这种方法只需要在邮件中加入一些积极有力的词语，可谓是快速又简单。你也可以找一些对自己具有良好"启动效应"的积极词汇，每天都试试这种方法。

"七成瘦肉"和"三成肥肉"，你会选哪个

除了"启动效应"，你还需要同时了解"框架效应"（Framing Effect）。"框架效应"是指人们在面对同样的内容时，其决策会因强调的重点不同而发生变化。卡尼曼和特维斯基于1981年在《科学》杂志上发表了这一理论。顾名思义，"框架"中强调的内容不同，人们对信息的理解也会有所不同。

"框架"种类繁多，而有一个典型的属性框架案例叫作"牛肉末"。购物时，你会选择以下哪一种？

- A. 上面写着"七成瘦肉"。
- B. 上面写着"三成肥肉"。

在实验中，受试者会看到 A 和 B 两个版本的牛肉末，并需要根据以下四点对它们进行评分。

- 1. 看起来好吃/不好吃。

- 2. 看起来油腻/不油腻。
- 3. 看起来质量好/质量差。
- 4. 看起来脂肪多/脂肪少。

受试者在看了 A 后表示："看起来好吃。感觉不会很油腻，有很多瘦肉，质量也很好。脂肪也比较少。"当然，这个评价比 B 要高。

不过，仔细想想就会发现两者的内容物是一样的，只是描述的表达方式不同而已。

此外，该实验还测试了在以下三种模式下，属性框架的效果会如何变化。

- 模式 1：只看包装不品尝。
- 模式 2：看完包装后再进行品尝。
- 模式 3：品尝完后再看包装。

比较三种模式后我们会发现，模式 1"只看不尝"产生的属性框架效应最大，对 A 的评价也最高。

而在模式 2"看完再尝"中，产生的属性框架效应比模式 1

更小，对 A 的评价也比模式 1 更低。

在模式 3 "尝完再看"中，属性框架效应几乎没有。

这是一个典型的例子，说明了人们的决定会因表述内容和形式的不同而变化。

什么是"前景理论"

卡尼曼和特维斯基指出，"框架效应"有积极和消极之分。有一个非常著名的实验可以说明这一点。

在该实验中，学生们需要回答关于一种"虚构疾病"的问题。

实验最开始，学生们会了解到故事的背景："某种疾病正在流行，预计将有 600 人死于这种疾病。"

然后实验人员会问他们："如果你是相关负责人，会选择以下 A 和 B 中的哪种措施？"但实验人员并没有单纯问一个问题，而是更改 A 和 B 两种措施的措辞，分为了"表达 1"和"表达 2"。并将受试学生分为两组，分别整理其回答。阅读这两种措辞后你会发现，"表达 1"和"表达 2"的内容其实完全相同，只是措辞不同而已。

【表达 1】

- 措施 A= 如果采取措施 A，那么肯定会有 200 人得救，另外 400 人无法得救。
- 措施 B= 如果采取措施 B，那么有 1/3 的概率 600 人能够全部得救，2/3 的概率无人得救。

【表达 2】

- 措施 A= 如果采取措施 A，那么肯定会有 400 人死亡，另外 200 人则不会死。
- 措施 B= 如果采取措施 B，那么有 1/3 的概率一个人都不会死，2/3 的概率 600 人全部死亡。

"表达 1"和"表达 2"的区别在于一个是积极表述（200 人得救）、一个是消极表述（400 人死亡）。如果选择措施 A，那么结果是完全确定的；如果选择措施 B，则需面对风险。

那么，你会选哪一个呢？

在面对积极表述"表达 1"的情况下，更多的学生选择了更确定的措施 A，占比达 72%。为什么呢？根据"前景理论"，当强调收益（即有多少人获救）时，人们会倾向于寻求确定性而规避风险。

换言之，在面对"表达 1"的时候，两种措施中强调的是生存的概率（积极框架）。因此，人们会回避措施 B "2/3 的概率无人得救"这一风险，而选择"200 人得救"的措施 A。

在面对消极表述"有 X 人死亡"的情况下，78% 的学生选择了有风险的措施 B。根据"前景理论"，当强调损失（即有多少人死亡）时，人们会倾向于直面风险。

换言之，比起确定让 400 人死亡，人们会选择冒风险去赌"无人死亡"的可能性。

也有针对商业领域的类似实验。在该实验中，受试者将事先了解到故事背景："由于一个重要部件的供应商提高了价格，你们公司正面临着 600 万美元的资金风险。"

接着，"表达 1"组的受试者面对以下选择：

- 措施 A= 如果采取措施 A，那么肯定能节省 200 万美元。
- 措施 B= 如果采取措施 B，那么有 1/3 的概率能节省全部的 600 万美元，2/3 的概率一分钱都节省不了。

"表达 2"组的受试者了解了同样的故事背景，但面对的是消极框架下的选择：

- 措施 A= 如果采取措施 A，那么肯定会损失 400 万美元。
- 措施 B= 如果采取措施 B，那么有 1/3 的概率一分钱都不损失，2/3 的概率损失全部的 600 万美元。

与此前的"虚构疾病"实验一样，在面对积极表述"节省"时，大多数受试者都选择了措施 A，占比达 75%。然而，在面对消极表述"损失"时，仅有 20% 的受试者选择了措施 A。

由此可见，即使内容相同，人们的行为也会因表达方式是积极还是消极的而发生变化。

哥伦比亚大学和加州大学洛杉矶分校关于"框架效应"的研究

我在杜克大学做博士后研究员时，也曾在与哥伦比亚大学和加州大学洛杉矶分校的一项联合研究中进行过"框架效应"的有关实验。在该实验中，我们用两种不同的"框架"询问了受试者对于"寿命"这一管理退休储蓄中最重要因素的看法。

"寿命"为什么在管理退休储蓄中如此重要呢？因为退休后人们就会失去收入来源，每月用多少自己的存款与还要存多少年的钱这一点息息相关。

- 框架1：你认为自己活到55岁的概率有多大？
- 框架2：你认为自己在55岁之前死亡的概率有多大？

同样，我们还将问题中的具体年龄更改为65岁、75岁、85岁进行了询问。根据收集到的回答，我们对受试者的自我预期寿命进行了量化，发现框架1下的预期寿命比框架2下的预期寿命长10年。这是因为在框架1下，人们关注的是"能活到55岁的原因"；而在框架2下，人们关注的是"在55岁前死亡的原因"。

这证明"框架效应"也会出现在个人的人生规划等重要决策中。

此外，这种"框架效应"在日常工作中也很常见。在讨论经营和开发的有关问题时，如果人们的注意力集中在利益上，他们就不愿意承担风险；可一旦人们把注意力转移到损失的可能性上，他们就更愿意去承担风险。要平衡这两者，有一个好方法就是从这两个角度写下利弊来进行分析。比如在方才的商业相关实验中，我们可以这样写：

- 如果采取措施 A，那么肯定能节省 200 万美元，也就意味着肯定会损失 400 万美元。
- 如果采取措施 B，那么有 1/3 的概率能节省全部的 600 万美元，2/3 的概率一分钱都节省不了。换言之，那么有 1/3 的概率一分钱都不损失，2/3 的概率损失全部的 600 万美元。

通过这种方式同时考虑两种框架，可以帮助我们减少偏差，做出更加平衡的决策。

联合评估与单独评估：如何选择二手辞典

所谓"框架效应"，是指在面对同样信息的情况下，人们仅仅因为表现形式不同就会做出非理性决策。但另一方面，人们也可以通过比较做出更好的决策。

假设你想买一本二手辞典，现在面前摆着两本供你选择。

辞典 A 保存状态良好，封面无破损，共收录 10 000 个词汇。

辞典 B 封面有部分破损，共收录 20 000 个词汇。

你会选择哪一本，并为其花多少钱呢？

如果只看一本辞典并以此确定心中的价位，那就是所谓的"单独评估"。这时，人们会把注意力集中在辞典是否有封面等易于理解的评价标准上，并以此估价。这是因为单看一本辞典很难判断"共收录 10 000 个词汇"究竟是否算得上量大。

在这种情况下，人们对辞典 A 的估价就会因此而水涨船高。根据芝加哥大学教授的一项实验，人们在"单独评估"时所给出的价格中，辞典 A 的价格比辞典 B 高出两成以上。

然而，如果人们进行"联合评估"，将两本辞典放在一起进行比较，结果就大不相同。既然有了比较对象，那么就更容易判断"共收录几万个词汇"的标准了。结果显示，更多的人认为"既然是选辞典，那肯定是收录 20 000 个词汇的更好"，所以辞典 B 的估价反超了辞典 A。

仅因比较或不比较，两本辞典的估价就会发生很大的波动，这的确是不合理的。

实际上，我在出版本书时也经历过"单独评估"和"联合评估"。在决定封面的时候，并不熟悉出版行业的我脑中有一个我想要的封面形象。然而，一位专业编辑给了我准确的建议，他说："其他书都是这样的，相良老师应该这样比较好。"我这才意识到自己原来陷入了"单独评估"的误区。

仔细想想，读者在书店买书时通常都会进行"联合评估"："有这么多有趣的书，我该选哪本呢？"因此我意识到，我的重点应该放在什么样的封面能让读者在对比本书和其他书时更易理解本书的内容。这正是我基于对行为经济学理论"联合评估与单独评估"的理解而迅速找到的解决方案。

当然，不仅仅是图书，在发布任何新产品时，也一定要在与"消费者如今使用的产品"进行比较的前提下进行定价和推广。从上述研究中可以看出，我们应该强调新产品与旧产品相比有多优秀。

可事实恰恰与之相反。根据我的个人经验，目前，大多数市场调研在调查消费者时只关注对自家产品的"单独评估"。我们不妨在此应用行为经济学，与竞争对手的产品进行"联合评估"。

是"单独评估"还是"联合评估"会影响人们的评价，这一点同样适用于评价他人。1996年,芝加哥大学教授克里斯托弗·西发表了一项研究。该项研究中,受试者需要回答如下问题:"你是一家咨询公司的老板,正在招聘一名能够使用一种名为KY的特殊计算机语言的程序员。"

"现在有两名应聘者,他们都是应届毕业生。他们使用KY语言的相关经历和平均学分绩点(GPA)如下。你会选择哪一位?"

应聘者1:

- 经历:在过去两年中编写了10个KY程序。
- GPA:4.9。

应聘者2:

- 经历:在过去两年中编写了70个KY程序。
- GPA:3.0。

研究结果显示,如果对两位应聘者进行"联合评估",则受试者给应聘者2的薪资会比应聘者1高出6%。因为进行"联合评估"时,比起GPA,大家更加关注与实践联系更密切的KY程序编写数量。然而,如果不进行比较只做"单独评估",那么应聘者1的薪资反而会比应聘者2高出20%。这一调查结果证明,

"单独评估"和"联合评估"不仅会影响消费者的产品选择决策，还会影响招聘选择和薪酬水平等商业决策。

凭借"诱饵效应"大卖的 275 美元家庭烘焙机

人们会在无意中进行比较，这是"诱饵效应"（Decoy Effect）的理论基础。该理论认为，只要大胆地添加一个没有人会选择的选项（诱饵），就能让人们去选择那些原有的选项。

威廉姆斯·索诺玛就是"诱饵效应"的一个典型案例。这是一家在美国颇受欢迎的高端厨房用品零售商，从餐具到家用电器应有尽有。

有一次，威廉姆斯·索诺玛决定开始销售一款 275 美元的家庭烘焙机（家用面包机）。尽管在初步的市场调研中反应热烈，绝大多数人都表示愿意购买，但实际的销售情况却并不理想。

因此，该零售商决定同时推出一款新的、更昂贵的家庭烘焙机，标价 415 美元（见图 2-5）。这里需要提一下，在 2023 年 3 月撰写本文时，美元对日元的汇率为 1 美元等于 137 日元，因此，275 美元折合约 37 000 日元（约合人民币 1850 元），415 美元折合约 56 000 日元（约合人民币 2800 元）。可以看出，一台超过 50 000 日元的家庭烘焙机相当昂贵，威廉姆斯·索诺玛难道真的认为这卖得出去吗？

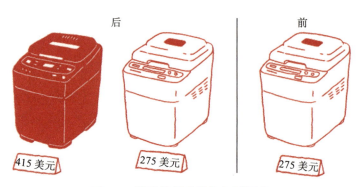

图 2-5　利用诱饵效应销售家庭烘焙机

但这一做法却引发了一种有趣的现象，原本售价 275 美元的家庭烘焙机开始热销。这是为什么呢？

因为有了一个小小的助推力，那就是"参照物"。

只有那台 275 美元的家庭烘焙机时，人们很难判断 275 美元这一价格到底是高是低。你只能看到这台烘焙机价格超过了 30 000 日元，然后心生退意："面包哪儿都有卖，而且只要几美元一个。还是没必要买烘焙机……"

因此，商家在旁边摆上了一台价格更高的家庭烘焙机来做

"诱饵"。这样一来，就会显得原来那台家庭烘焙机很便宜。

从行为经济学的角度来看，大脑更倾向于通过"比较"来感知事物。例如，苹果公司在其销售策略中就巧妙地利用了这种"诱饵效应"。

苹果公司并不会只推出一种 iPhone，而是会把不同内存容量的 iPhone 并排放在一起展示。在撰写本文时，苹果推出的最新型号是 iPhone 14。在日本，128GB 的售价为 119 800 日元（约合人民币 5990 元），256GB 的售价为 134 800 日元（约合人民币 6740 元），512GB 的售价为 164 800 日元（约合人民币 8240 元）。

"内存最少的 128GB 可能不够用，但 512GB 又太大了可能会用不上。"

有这种想法的消费者就会选择购买中间型号的 256GB。如果苹果想销售的型号正是 256GB，那么这一"诱饵效应"可谓大获成功。这个例子说明，创造一些看似徒劳的"参照物"非常重要。

为何 99% 的奥地利人都同意捐赠器官

最近，我与一位在谷歌工作的朋友见面时，谈到了近年来愈演愈烈的"隐私"问题。个人搜索的关键词被持续追踪，推荐广告源源不断涌来……现如今，大家对这些现象都习以为常。但在信息泄露令人担忧的当下，这种问题已不可忽视。

为了应对这一趋势，近年来，包括谷歌在内的所有网站和软件都增加了隐私问题的数量。

例如你在某报社的网站上用邮箱注册时，应该能看到一个勾选框，后面写着"同时阅读相关电子杂志 B 和 C""允许向我发送促销信息"。

如果你仔细观察这些信息，通常会看到"阅读 / 允许向我发送"等勾选标记。从行为经济学的角度来看，这是一种非常聪明的策略。

为什么呢？因为人是一种觉得做出改变很麻烦的生物。一句"必须去改变"就像一堵无形的墙，阻碍着人们的行动。特别是在疲惫或忙碌的时候，大脑注意力分散，往往会去选择"不做决定"。面对"怎样都可以"的问题时亦是如此。

很多情况下，我们都会这样想："要是现在改了，我之后又改主意了怎么办？""可能派得上用场，而且反正是免费的，就这样吧。"

因此，如果你是商家，就可以把"阅读/允许向我发送"设置为"默认选项"，让对方去选择。这样一来，勾选框中永远留下了一个对号，消费者就会收到大量杂志和促销邮件。引入行为经济学的公司，特别是全球的科技行业巨头，它们只要改变"默认选项"就能影响数亿人的行为。

如果你是消费者，在了解这一现状后就应该留心那些"默认选项"；如果你是商界从业者，就可以制定一种"把我想要推销的设置为'默认选项'"的战略。

和我曾合作开展数次研究的哥伦比亚大学教授埃里克·约翰逊等人，就对设置"默认选项"的器官捐献一事进行了一项有趣的调查。

"你愿意签署器官捐献协议，在事故中不幸丧生后捐献出自己的器官吗？"

图2-6对比了欧洲各个国家的器官捐献同意率。奥地利、比利时和法国等国中几乎所有人都选择了"同意捐献"。但在荷兰，这一比例不到30%；英国和德国则更低，器官捐献同意率不到20%；丹麦甚至低至4.2%。

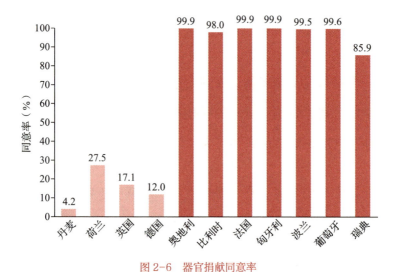

图 2-6 器官捐献同意率

资料来源：Johnson, E.J., & Goldstein, D.(2003). Do defaults save lives?.Science, 302(5649), 1338-1339.

图内所有国家都在欧洲范围内，这种差异不是文化或宗教信仰造成的。造成这种巨大差异的原因其实很简单：在几乎所有人都同意器官捐献的国家，"同意捐献"被设置为了"默认选项"。也就是说，除非自己去勾选"否"，否则一律默认为"同意捐献"。而在那些器官捐献同意率较低的国家，人们只有自己去勾选"是"才表示"同意捐献"（见图 2-7）。

是否同意器官捐献，实际上是一个很难做出决定的问题，因此人们往往不会主动去选择"同意捐献"。这就是为什么有些国家会将"同意捐献"设置为"默认选项"。

图 2-7 造成"同意率"差异的真正原因

器官捐献可能是一个特例,但其他事情一般也都设定"默认选项"。哪怕没有明确设定,人们的脑海中也会有"默认选项"的标准。

"今天午饭吃什么""最喜欢的品牌""最喜欢的图书或音乐"……这些都是隐藏在日常生活中的"默认选项"。因此,消费者会更容易选择。

如果商家能够设定一个恰当的"默认选项",那么既能卖出自己想卖的东西,又能让消费者满意,可谓一石二鸟。为什么能让消费者满意呢?因为对于那些陷入"选择过载"的消费者来说,恰当的"默认选项"能让他们毫不犹豫地做出选择,所以消费者的满意度也会上升。

iPhone 7 看起来便宜的奥秘："锚定效应"

还有一种向人们展示产品的方法是"锚定效应"。

方才我们谈到威廉姆斯·索诺玛和 iPhone 的销售策略是一种"诱饵效应"，即通过混入人们不太可能选择的产品，促使人们去选择企业本来想要卖的产品。还有一个行为经济学理论与此不谋而合，那就是"锚定效应"。

比如有这样一个例子，当你看到标价 999 美元的 iPhone X 之后，就会觉得标价 549 美元的 iPhone 7 很便宜（其实这也相当昂贵）。

"锚定效应"理论，是指人们会以最先提出的数字为基准，导致对后续内容的判断被非理性地扭曲。

斯德哥尔摩经济学院的奥斯卡·伯格曼就开展了一项相关实验。实验中，受试者需要回答自己会花多少钱来购买一瓶葡萄酒。在此过程中，研究人员会问受试者："你愿意花 × 美元来购买这瓶葡萄酒吗？"其中，× 是受试者社会保障号码（类似于身份证号）的最后两位数。

具体来说，如果社会保障号码的最后两位数是 20，那么就会被问道："你愿意花 20 美元来购买这瓶葡萄酒吗？"而如果最后两位数是 95，则会被问道："你愿意花 95 美元来购买这瓶葡萄酒吗？"当然，最后两位数越大，被问到的价格也就越贵，更多人会回答："不愿意。"

而在后续实验中，研究人员又会问那些回答"不愿意"的人："那你愿意出多少钱来买呢？"这时，那些不愿意花 95 美元购买的人就会回答"70 美元"等价格。

研究发现，社会保障号码的最后两位数越大的人，最终就会愿意以越高的价格来购买这瓶葡萄酒。尽管他们的社会保障号码是一串与葡萄酒毫无关联的随机数，但人们还是会受到最先提出的数字的强烈影响。

葡萄酒经常被用到行为经济学研究之中，因为其价格范围广，价值难以确定。而在同一项实验中，研究人员又拿出了一件价格范围同样难以确定的艺术品，按照受试者的社会保障号码询问了同样的问题，最终得到了同样的结果。

相反，人们熟悉的产品则不会出现"锚定效应"。例如有些人每天都会买咖啡，所以会清楚地记得"便利店的咖啡多少钱，星巴克的咖啡多少钱"。这时，"锚定效应"收效甚微。

法院判决结果是由骰子上的数字决定的吗

"我懂'锚定效应',所以没关系,我不会受到它的影响。"

当我讲授行为经济学时,很多人都会有这样的反应。他们可能会认为,因为自己工作很负责,每天又都在做决策,所以会很理性,不会受到"锚定效应"的影响。然而,事实证明,无论你在自己的领域中有多么专业,你仍然会陷入"锚定效应"的陷阱。

德国科隆大学的巴特·英格利希等人在一项研究中对法官进行了实验。

在该实验中,受试法官首先需要阅读一份关于"连环盗窃案"的案件记录。

之后,这些法官会被分为两组,进行一项和案件本身完全没有关联的问卷调查。调查中,他们需要投掷骰子,并将自己所掷数字的总和记录下来。这些骰子都经过了特殊处理,A组的骰子只能掷出1和2,而B组的骰子只能掷出3或6。实验的最后,这些法官需要对最初阅读的那份"连环盗窃案"案件进行判决,确定真凶的刑期。

结果显示,A组法官受反复掷出的1和2这两个较小数字的影响，给出的平均刑期相对较短，为"5 个月有期徒刑"。而 B 组法官受较大数字 3 和 6 影响，给出的平均刑期相对较长，为"8 个月有期徒刑"。

同样，这个实验也进行了后续调查，研究人员询问这些法官："你觉得自己的判决有受到掷骰子所得数字的影响吗？"这些法官均表示没有，认为这种情况不可能发生。然而，如果他们真的没有受到掷骰子所得数字的影响，那么理应给出同样的刑期。

作为专业的法官，本应公正无私，却不自觉地受到了"锚定效应"的影响，该实验可谓意味深长。

举个大家更熟悉的例子，"锚定效应"也会影响到上司对下属的评价。例如，很多上司会以"自己在公司工作第三年的表现"为标准，来评价进入公司第三年的下属。

如果上司过于极端，就很难注意到下属真正的优秀品质，从而武断地认为下属不够努力。特别是那些已做出丰功伟绩的优秀上司，更容易陷入这样的误区。

然而，当前的环境可能与十多年前上司自己在公司工作第三年的环境大相径庭。此外，人们展示自己能力的方式也各不相同。下属可能是大器晚成的人才，需要到加入公司的第五年才能展现卓越成果。或者下属擅长帮助同事、花时间与客户建立良好信任关系，这些能力都不易简单量化。

如果你担心自己也会在无意识中受到"锚定效应"的影响，那么你可以试着移除自己脑海中的"锚点"。

例如你正在用 PowerPoint 制作一份重要的年度预算文件，这时你脑海中往往会有一个潜意识的"锚点"，或是"我之前花了一周时间就做完了"，又或是"有同事以前 10 天就做完了"。

但是，如果你这次要制作的文件内容和目的与以往截然不同，那么这一"锚点"就会有偏差。这时，我们可以尝试设定一个完全不相干的数字，比如"今天是 1 月 5 日，那试试看能不能 5 天内完成""我是 7 月出生的，那试试看能不能花 7 天来完成"。

哪怕是最后期限、预算等大事，也能通过刻意设置一些随机选择的无关数字，来帮助我们摆脱过去的"锚点"。

但"锚定效应"并非只有负面影响，我们还可以在谈判中有效利用这一点。

例如你有一个预算为 80 万日元（约合人民币 4 万元）的新

项目,想要得到老板的批准。但 80 万日元可不是个小数目,你很有可能会遭到拒绝。

因此,在谈判的初始阶段,你可以先报出 100 万日元,给对方留下印象。然后再以 100 万日元为"锚点"进行谈判,并表示:"我们也可以再削减一下,应该能降至 80 万日元。"这样一来,最终 80 万日元的预算就有了保障。

哥伦比亚大学的亚当·加林斯基等人曾对 MBA(工商管理硕士)进行了一项实验,得出了有趣的结果。

参加实验的西北大学学生被分为买方和卖方两组,就一家"虚构工厂"的转让价格进行了谈判。当希望以最高价格出售的卖方率先报价时,双方最终的平均成交金额为 260 万美元;而当希望以尽可能便宜的价格收购的买方率先报价时,平均成交金额为 200 万美元,两者相差高达三成。

在谈判中,率先报出的金额会成为对方心中的"锚点"。因此在这种情况下,最好主动出价。

亚马逊:综合运用各类"环境"理论而立于不败之地

方才我们谈到了"诱饵效应"和"锚定效应"等"环境"因

素的相关理论。在各大领域中，很多公司都在组合运用这些理论以优化自身业务，其中最著名的是亚马逊。

首先是"锚定效应"。

亚马逊会以"被横线划掉的定价"和"折扣价"这两种方式来显示打折商品的价格。这是一种运用"锚定效应"的策略——以"定价"为"锚点"，使"折扣价"看起来更加便宜划算，从而促使消费者点击购买。尽管消费者并不能确保自己以"折扣价"买下的商品物有所值，但他们还是会受到诱惑而选择购买。

其次是"诱饵效应"。

在亚马逊购物时，你可以点击"比较"来对比亚马逊和其他零售商的商品价格和配送条件。亚马逊以"价格低廉、极速送达"为宗旨，在这方面通常能完胜其他竞争对手。那么，亚马逊为什么敢提供其他零售商的商品价格和配送条件，让消费者对比呢？这其实就是他们设置的一种"诱饵"，可以使亚马逊自身的商品看起来更具吸引力。

更巧妙的是，他们还营造了一种能让消费者受"系统1"驱动从而选择购买的环境。

消费者选中一件商品，再点击写有"添加到购物车"的醒目橙色按钮，就可以激活"一键购买"选项。如果消费者已经绑定了信用卡，设置好了收货地址等所有购物所需信息，那么就可以在"系统1"作用下凭直觉轻松购物，无须多加思考。此外，这里还有一种"无现金效应"在发挥作用，即人们刷卡会比用现金更容易把钱花出去，后文将对此进行详细介绍。有了"一键购买"选项，消费者甚至不需要拿出信用卡就可以购物，从而使"花掉了自己宝贵的金钱"的感觉进一步被削弱。

还有一个是"自动续费"。

在日本，如果你每个月花500日元（约合人民币25元）订阅亚马逊prime会员，即可享受免费配送和免费阅读部分电子书的服务。一旦订阅，除非消费者主动在到期前选择取消，否则该会员将自动续费。许多订阅式服务都会利用消费者的"惯性"推出这样一项功能。这样一来，那些只是偶尔购物、不需要会员服务的消费者也会持续续费。

如何运用"充足理由律"让有求于人的理由合理化

"谈判"是人类生活中不可或缺的一部分。不仅在商业领域，实际上我们每天都在进行谈判。在提出请求时，仅需多加几句话就能改变对方的反应。20世纪70年代，哈佛大学的心理学教授艾伦·朗格等人就进行了一项有关复印机的实验。

互联网普及前，我们常常能在大学图书馆看见查找资料后想要复印的人们大排长队的场景。我读大学时虽然已经在使用电脑，但彼时还是论文被陆续编入数据库的过渡时期，所以我们还得依赖于复印机。

每个人都要复印好几十页，所以得花很长时间。这时，如果你只想复印5页，那么肯定不想排很长时间的队。

有没有什么办法可以尽可能地让自己在这条长长的队伍中往前一些呢？朗格做了一项实验，测试如何与排在前面的人交涉能让自己更容易插队。

（1）"不好意思，我能先用复印件复印5页吗？"（没有给出理由）

（2）"不好意思，我需要复印5页纸，能让我先用一下复印机吗？"（给出了理由，但没有说自己为什么要先复印）

（3）"对不起，我赶时间，能让我先用复印件复印5页吗？"（给出自己想要先用复印机的原因）

用这三种不同的方式询问排在自己前面的人后，被允许插队的概率分别是多少呢？

结果显示，第 1 种方式的概率是 60%，第 2 种的概率是 93%，第 3 种的概率是 94%。这三种方式表述的内容几乎相同，仅在措辞上略有变化。然而，第 2 种和第 3 种比第 1 种更容易成功。原因在于第 2 种和第 3 种措辞中加入了"理由"。

我将这一理论称作"充足理由律"（Power of Because），也可直译为"理由的力量"。你向他人提出请求时，如果告诉对方自己的"理由"，那么他们接受请求的概率就会大幅提升。

关键在于，你要添加的理由其实是什么都可以。

在方才的三种请求方式中，第 2 种虽然给出了理由，但仔细想想就能发现，这个理由根本站不住脚。每个排队的人都是因为自己需要复印才排队的，"我需要复印 5 页纸，能让我先用一下复印机吗"这一请求认真想来其实很奇怪。

可是与成功率只有 60% 的第 1 种方式相比，第 2 种的成功率却飙升至 93%。同时，给出了一个可信的理由"赶时间"的第 3 种方式，其成功率也只有 94%，和第 2 种区别不大。

如上所述，理由本身的内容是很随意的。因为我们日常生活中的大部分决策都是由"系统1"来完成的,所以只要有理由对方就会更愿意接受你的请求。如果你正在苦恼应该向上司、下属或客户提出什么样的理由才能说服他们接受你的请求,不妨试试推动他们立刻做出决策,这样就能够降低"机会成本"。

当然,这只适用于小请求。如果你的请求事关重大,那就一定要给出明确的理由。

如何运用"自主性偏差"让孩子洗碗

正如前文所述,大脑会受到许多不同"环境"的影响。但人们往往不愿意承认这一点,更愿意相信自己是独立自主地做出决策的。那么就有一种提出请求的方法,可以利用人们"我是独立自主地做决策的"这种心态。比如你现在要请自己的孩子帮忙洗碗,那么以下哪种方法会更有效呢?

(1)"吃完饭帮忙洗个碗吧?"

(2)"吃完饭你是用海绵洗碗,还是用水冲一下再放进洗碗机?"

想必你也认为第二种询问方式更有可能让对方愉快地接受请求。

如果用第一种询问方式,对方会认为这一行为并没有体现自己的意愿。因此，这种询问方式很有可能会让对方反感。即使对方接受了，他们心中也会有一种挥之不去的纠结感。

相反，第二种询问方式在无形中就假设了对方会帮自己做这件事。

你是在这基础上才给出了"用海绵"和"用洗碗机"两种选项。这样一来，被要求做事的孩子就会觉得"我不是被命令去做，而是我自愿的"，从而积极地接受。

这一现象在行为经济学中尚未被正式命名，我将其称为"自主性偏差"（Autonomy Bias），是指人们倾向于相信自己是在独立自主地做决策。

同理，与其要求下属"我很忙，所以想让你来帮忙做这个项目"，不如询问他："我需要你的帮助，能不能请你修改一些文件或做一些桌面研究？你觉得自己做哪个比较好？"这样一来，他们会更愿意帮你。而且这样做还有一个好处，那就是你已经假设他们会伸出援手，因此他们也很难表示拒绝。

这也可以用来让你的老板站在你这一边。一位曾在美国学习行为经济学，如今在一家日本企业的人力资源部工作的朋友向我们分享了他的经验。他把自己想做的一个项目报告给了上司，结果上司就认为下属在擅自做一些他不知道的事情，从而有些不安。此外，上司还因下属并不依赖自己而感到有些空虚。这两点相结合，就使得上司不愿意伸出援手。为解决此问题他巧妙地利用了"自主性偏差"，转而询问上司："我想做这件事，您认为A和B两个方案哪个更好呢？"其实A和B都是不错的选择，关键并不在这里。关键在于，当上司给出回答的时候，其实就已经参与了进来，因此他就可以得到上司的支持。

这种利用"自主性偏差"的方法也能应用至实际的商业场合之中。

比如我忘记了自己的银行密码，需要进行账户验证。这个过程有些复杂，因需要验证个人信息，然后进行口令验证，有的甚至还要验证两次，甚至还要发送一次验证码到你的手机上。

在这种情况下，以下两种表达方式中，哪一种会给你留下更好的印象？

（1）"如果不按照这一顺序，您就无法进行账户验证。"
（2）"请让我们帮助您进行账户验证。"

显然，答案是第二种。原因与前面的例子相同：第一种会让人觉得这不是自己的意愿，自己是被强制的；而第二种则让人觉得是自己自愿进行账户验证的。

我们还就此进行了一项实验。实验中，客户的评价也因我们是否有说"请让我们帮助您"而发生了显著变化。实验结束后，我们在对客户进行跟踪调查时发现，82%的客户对第二种评价更高，73%的客户认为第二种让人感觉更省事。理解了这种行为经济学效应，也就理解了为什么"请让我们帮助您"这句话最近总是出现在美国的各种手册中。

只须改变"时间",人们的决定就会发生变化

在早上或午饭后更易被假释

此前我们看了许多关于"环境"如何影响人们行为的例子。实际上,人们的决策也深受"时间"的影响。

经过一夜的充足睡眠,大脑会变得神清气爽。但由于白天做了无数的决策,大脑到了晚上就会变得"决策疲劳",无法做出最佳决策。

举个例子,你是否有过这样的经历呢?早起时明明计划好"今天下班后去健身房",或是"下班回家时先去咖啡馆学习,为考资格证书做准备",可一到晚上就因为太过疲惫而选择放弃。之所以我们会迷迷糊糊地想着"要不要去健身房"最后不了了之,是因为我们的大脑太过疲惫以至于无法做出决策。

很多高管都表示自己会把重要的事情放在早上来思考。这是因为他们会考虑到"时间"这一"环境"带给自己的影响。

我们可以举个例子来证明大脑的决策会随着时间的变化而变化。下述研究是一项在以色列法院进行的调查。

该调查收集了同一所监狱内1100个假释案例，以此分析假释的结果是否会受到时间的影响。

是否允许假释是由法官在审问囚犯后做出决定的，且一天中有哪些囚犯在什么时候接受审问也是完全随机的。但调查结果显示，一天中有三个时间段，囚犯在接受审问时更易被允许假释（见图2-8）。

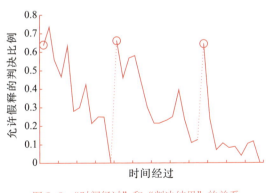

图2-8　"时间经过"和"判决结果"的关系

资料来源：Danziger,S.,Levav,J.,&Avnaim-Pesso,L.(2011).Extraneous factors in judicial decisions. Proceedings of the National Academy of Sciences, 108(17), 6889-6892.

在上午最开始的审问中，65%的囚犯获得了假释，这很有可能是因为法官的大脑也处于兴奋状态。而随着午餐时间的临近，"决策疲劳"的影响不断增加，这一比例逐渐下降。

然而，午饭过后，囚犯获得假释的概率再次上升，之后又逐渐下降。接下来，在下午的休息时间后，假释概率再次上升，到达65%的顶点后又逐渐下降——总共出现了三次高峰期。

假释意味着允许曾经犯过罪的人回到社会之中，"他们是否已经改过自新？是否不会再犯罪"，这些都需要用"系统2"慎重做出决策。正因如此，在一大早或休息后，大脑神清气爽，法官会做出更多"允许假释"的判决。

然而，随着法官反复进行判决，他们的判断就会变得更加简单。研究人员认为，他们在这时会受"现状偏差"的较大影响，从而拒绝囚犯的请求，做出风险较低的决策："让他们在监狱里多待一段时间。"这一调查结果表明，人们在疲惫时会倾向于选择风险较低的"默认选项"。

在日常生活中，人们常谈到"提神"的重要性，这背后也有着充分的科学证明。对于认为"勤奋就是美德"的日本上班族来说，这一点尤其值得注意。一天中是否有好好休息？每天是否过度疲劳？一定要上心。

此外，根据这一理论来思考网络广告的投放时间也会很有效果。

举个例子，人们对房屋、私家车、保险等价格昂贵，需要深思熟虑后再购入的物品，往往会用"系统2"来认真思考、细细斟酌。所以这一类广告可以安排在早上或午休后投放，这些时间段人们的大脑能量更加充沛。相反，快餐新品和时尚商品的相关广告则应在傍晚或晚上投放。这类商品需要人们"冲动消费"，商家要让消费者凭直觉认为自己想要这种产品，而这些时间段消费者的大脑恰好已经疲惫。这也就是为什么大家往往会在深夜时分浪费钱去网购。

"冷热移情差距"：为什么有很多美国人会在早上买晚餐

人们往往会低估"时间"带来的影响。从关于法官是否批准假释的研究中我们可以看出，他们并不会认为"如果我累了，就会影响我的判断"。我们知道，人们并不善于捕捉"未来不同环境下的自己"的真实形象，他们对自己有一个相当乐观的理想形象。

例如你早上刚吃过早餐，正精力充沛，你就会考虑"虽然今晚很忙，但我还是会给自己做一顿健康的饭菜"。但当你结束工作后真的觉得饿了时，还是会买垃圾食品回家吃。卡内基－梅隆大学的心理学家乔治·罗文斯坦将这种理想化"未来的自己"的状态命名为"冷热移情差距"（Hot-Cold Empathy Gap）。

当我们处于冷静（Cold）状态时，精神和身体都保持着平静和稳定。而当我们处于火热（Hot）状态时，整个人就充满疲惫、烦躁或饥饿、渴望。二者是同一个自己，但"冷静"的自己无法切实地想到变得"火热"的那个"未来的自己"。

即使你在早上想"我等会儿哪怕饿了也应该能做一顿以蔬菜为主的饭菜，哪怕工作累了也应该能坚持学习"，可一旦到了晚上就很难再用意志力来控制自己。因此，更明智的做法是控制"环境"，而非改变"自己"。

举个例子，你可以尽量将重要的事情放在早上做，并固定好时间。如果想要把晚上的时间花在有意义的事情上却又屡屡落空，那就可以去报名参加学习小组或健身，并为自己构建一个"一定要去"的环境。

当你处于冷静状态时，或许会想"为了健康起见，晚上就吃鸡肉、粗粮和沙拉吧"。这时，你就应该把这些食材买好放在冰箱里，这样一来，下班后你就可以直接把它们都带回家，哪怕那时的自己已经因疲惫而丧失判断能力，也能够按照早上的计划来摄入健康食物。这就是一种利用"环境"来驱动自己的做法。

曾有一项研究调查了一百多万份的网上食材订单。结果显示，指定配送时间为"几天后"的订单多数以蔬菜等低热量食物为主，而指定配送时间为"明天"的订单则多为高热量、不太健康的食物。

在预定几天后所需的食材时，人们多数是在冷静状态下将"未来的自己"理想化，因此会把自己"应该吃的东西"放入购物车。而当人们预定当下所需的食材时，则多处于饥饿的火热状态。

SUMMARY
小　结

- 人们一般会认为自己是在独立自主地做决策，但实际上多数情况下是迫于身边的"环境"而做决策。天气的好坏、周围是否有其他人、物品和人的所处位置及顺序等这些看似无关紧要的事情其实都会对我们的决策产生重大影响。
- 影响我们决策的"环境"还包括"信息量"。尤其是在当今社会，我们的判断往往会因过多的信息而出现偏差。我们必须要避免让自己、避免让他人陷入"信息过载"。
- 与"信息量"相关的"选项"也会影响人们的判断。选项的数量和呈现方式都需要我们认真思考。
- 正如"启动效应""诱饵效应"和"联合评估与单独评估"等众多理论所示，只要改变呈现的内容和方式就能够影响他人。
- 时间也会影响决策。有时，仅仅意识到"冷热移情差距"就能改变结果。

| 第 3 章 |

感情

当下的"感情"会影响人们的决策

概述 & 测试

此前我们介绍了影响人类决策的"认知习惯"和"环境"的相关理论。在第 3 章中,我们将了解三大要素中的最后一个——"感情"。

传统经济学认为人类是理性的,因此并未考虑感情等因素带来的影响。然而,在现实生活中,人们总会因或好或坏的情绪改变自己的行为。而当他们的行为发生改变时,也就意味着他们在行动前做出的相关决策也有所改变。对我们来说,"因为情绪积极所以这样做""因为情绪消极所以那样做"似乎都是理所当然的。但事实上,"决策被感情左右"是非常"不理性"的。

"认知习惯"和"环境"无时无刻不伴随在我们左右,但"感情"有所不同。人的"感情"较为平淡时对决策的影响较小;反之,当"感情"强烈时,就会极大影响人们的决策。

大家或许都有过这样的经历?在工作中突然暴起、勃然大怒,以至于自己的人际关系破裂。当时的你,根本就没办法阻止那样的自己。

我想告诉你的是,"感情"对人类决策的影响还是非常广泛的。很多在你意料之外的事情,都悄然影响着我们的决策。

有一项很有趣的研究可以说明这一点。伦敦商学院教授亚历克斯·爱德蒙斯等人收集了过去 4 年间 40 个国家的人们在 Spotify 平台上收听音乐的相关数据。他们借用人工智能将这些音乐分为"积极音乐"和"消极音乐"两类，并分析了这些音乐数据与各国同期股票价格变化的关系。

结果显示，听"积极音乐"的人越多，同时期内其国家的股票价格也会升高。

爱德蒙斯等人最初只研究了美国的有关数据，因此最初他们也对自己的研究结果产生了怀疑，认为这可能只是美国特有的现象。但当他们继续研究后发现，其他 39 个国家也出现了类似的研究结果。

你肯定从来没有想过，人们所听的音乐是积极的还是消极的居然会与股市有关吧？本章就将重点阐述相关理论，看看轻微的"感情"会如何影响我们决策。

在正式进入第 3 章之前，让我们先来了解一下这一章的概况。第 3 章分为以下 6 节。

（1）"感情"究竟是什么？

一提到"感情"，我们就会联想到"喜、怒、哀、乐"等不同的感受。然而，"感情"并不总像这样界限清晰、一目了然。

当你看到最喜欢的食物出现在自己面前时，会感到些许的兴奋。人类的这种轻微的"感情"很难用"喜、怒、哀、乐"来形容。但实际上，这种轻微的"感情"有时会比清晰鲜明的"感情"更能打动人。

第 1 节将介绍最为基本的轻微"感情"——"情绪"（Affect）。

（2）"积极情绪"如何影响人们的判断？

"情绪"也有积极和消极之分。第 2 节将介绍关于积极情绪如何影响人们决策的多种理论。

（3）"消极情绪"如何影响人们的判断？

第 3 节将介绍关于消极情绪如何影响人们决策的多种理论。

（4）感情会影响我们的消费方式。

当下的"感情"还与我们如何花钱有着密切的联系。例如我们对消费一事的感情就会因使用现金还是刷卡而发生变化，并造成不同影响。理解了其中的不合理性，就能明白为什么"经济是由感情驱动的"。

（5）"控制感"也会影响人们的判断。

正如前文所述，人类总会倾向于认为"自己是独立自主地做决策的"。如果缺乏这种"对自己行为的控制感"就会诱发消极情绪，而消极情绪又会导致非理性决策。由此来看，"控制感"间接影响了人们的非理性决策。

本节中就将介绍这种"控制感"会给我们的决策带来什么样的影响。

（6）"不确定性"也会影响人们的判断。

"不确定性"（Uncertainty）是行为经济学中一大重要课题。人们天生厌恶"不确定的事物",会因这种"不确定"而产生消极情绪,消极情绪又会导致非理性决策。在第 6 节中,我们将探讨相关理论,了解"不确定性"如何影响决策。

接下来,让我们做一个有关"感情"的小测试。

测试

假设你计划下周飞往伦敦,需要为自己的航程投保。现在有 A 和 B 两种保险,你会愿意为这两种保险各支付多少保费?

- 保险 A:因任何原因死亡都将获得赔付。
- 保险 B:若因恐怖袭击死亡将获得赔付。

"感情"究竟是什么

在刚才的测试中,你的答案是多少呢?实际上,这项测试是曾与我有过合作的埃里克·约翰逊等人进行的一项行为经济学实验。

实验中,受试者被分为 A 和 B 两组。A 组需要对保险 A 出价,B 组需要对保险 B 出价。结果显示,A 组的平均出价为"最多 12 美元",而 B 组的平均出价为"14 美元"。换言之,他们认为保险 B 的保费要比 A 高出 15%。

但我们仔细想想就会发现,飞机因故障或恶劣天气失事的概率要比遭遇恐怖袭击的概率高得多。保险 A 是"任何原因",这就包括了"恐怖袭击"。从普遍理性的角度来看,大家应该为保险 A 支付更多保费。

但在实验中,保险 B 的出价更高。这是因为"恐怖袭击"一词更加具体鲜明，人们的感情因此被调动了起来。（这里和国家也有关系。因为日本安全，所以日本人可能不会对美国和其他国家的人所敏感的"恐怖袭击"一词有很大反应。反之，日本人可能更会被"大地震"一词调动感情。）

正如上述实验所示，"感情"会让人们做出非理性的决策。接下来，让我们一起来看看"感情"中最基本的"情绪"。

相比于喜怒哀乐，"轻微的情绪"更能影响人们的决策

正如本章概述中所述，行为经济学中的"感情"包括"喜、怒、哀、乐"和种种"轻微的情绪"。行为经济学将"喜、怒、哀、乐"等清晰鲜明的"感情"称为"离散情感"（Discrete Emotion）（以下简称"情感"）。

然而，"感情"并不是只有在工作上取得巨大成功、失恋、朋友逝世、受到难以想象的粗鲁对待等重大事件发生时才会产生。实际上，除了"喜、怒、哀、乐"等清晰鲜明的"感情"，我们还经常会有一些"轻微的情绪"。

例如，如果一个喜欢吃汉堡的人看到一个巨型汉堡出现在自己面前，那他就会"哇"的一声感到精神振奋；不喜欢香烟的人

只要一听到"烟"这个字，就会觉得有些不舒服。在行为经济学中，这些在一瞬间就流逝的微妙感觉被称作"情绪"（Affect），与"情感"（emotion）是分离开来的。

这是因为人们在日常生活中通常不会频繁产生清晰鲜明的"感情"，更多的是"轻微的情绪"。因此，在思考"感情"对决策的影响时，我们需要了解影响我们更为频繁的"情绪"。

我的恩师、俄勒冈大学决策心理学家保罗·斯洛维奇等人将这种受"情绪"驱使而变得非理性的倾向命名为"情绪启发式"（Affect Heuristic），即人类会将自己感受到的"情绪"作为走"认知捷径"的线索。

卡尼曼认为，"这是过去几十年启发式研究中最重要的发展"。诺贝尔奖得主卡尼曼的话应当是相当有分量的。

"情绪"是导致我们做出非理性决策的重要原因，但人们之所以会有"情绪"也正是因为我们需要"情绪"。我们每天都要面对无数的决策，如果在做出每个决策时都要深思熟虑，那我们将无法很好地应对，也无法应对。但我们可以通过感受那些轻微的情绪，将"情绪"作为自己走"认知捷径"的线索，从而立刻采取行动。

同样，"消极情绪"的出现也是出于必要。这种情绪可以让我们无须在各种事情上都花费大量时间，而是做出省时高效的决定。但这也会影响我们无意识的、下意识的决策，反过来说也是非理性的。

那么，这种"情绪"会让决策变得多么不理性呢？接下来介绍一个相关的实验。

加州大学圣迭戈分校的皮奥塔·温基尔曼曾开展一项实验，给受试者看"一张笑脸""一张愤怒的脸"和"一个图形"（与人类无关）共3张图片，观看时间仅有0.01秒。在看完每张图片之后，紧接着会显示一个楔形文字（美索不达米亚文明使用的一种古老文字），每个文字展示2秒左右。因为0.01秒实在太短，所以受试者并不会意识到自己已经看过那3张图片，只觉得自己看了一些文字。

之后，研究人员询问受试者对每个文字的看法。结果发现，多数受试者对在看到"一张笑脸"后再看到的文字更有好感。

如果看到的文字是自己的母语文字，那么受试者有一些印象是很正常的。但是，实验中所展示的是受试者从未见过的古代文字。通常情况下，他们不会对这些文字有任何印象。此外，"人的表情"和"文字"之间完全没有关联。

然而，在这种情况下，"情绪"的力量仍然影响着人们的判断。当你看到一个人的微笑时，瞬间涌上心头的轻微感情（情绪）会让你下意识地对一个与之完全无关甚至不知道其含义的文字产生好感。这的确非常不合理。

"情绪"作用于人们的潜意识，所以很难被察觉。但你可以看到，它所带来的影响非常巨大。

在本章中，我们将全面讨论包括"情绪启发式"在内的有关"情绪"的问题。

探究人们的"情绪"

很多情况下，"情绪"会影响人们的决策。

例如近期接连应用于实际生活之中的 AI。近年来，我们接到了越来越多的客户关于 AI 的咨询。对于 AI 这种自己从未体验过的未知技术，人们会如何看待呢？在这一问题上，有关"情绪"的思考方法也很有用。

还有一个与 AI 相关的热门话题——"自动驾驶安全吗？"对

于这个问题，大多数人并不会基于自己对自动驾驶的了解来考察其安全性，再据此回答"是"或者"否"；而是根据自己对自动驾驶的感受来做出判断，比如对自动驾驶有好感的人会回答"是"，持怀疑态度的人会回答"否"。换言之，人们的判断标准不是"思考"而是"感情"。并且，起作用的是一种轻微的感情，即"情绪"。

正因如此，如果你想打动他人，你就需要诉诸"情绪"，而非一味地从理性角度宣扬"最新技术如何""这款规格如何"。

例如你想让他人接受某件事情，就必须意识到并了解他们的"情绪"是什么。

比起仅仅从理性角度出发堆砌资料，表示"这些数据可以证明我司自动驾驶汽车的安全性"，通过了解人们对自动驾驶汽车的情绪是"积极"的还是"消极"的来制定策略会更加有效。

"好像很危险，好像不太行，好像很难"等看似模糊的"消极情绪"其实会起到决定性的作用，因此我们应该尽量避免使用或采取看似无关但可能引发"消极情绪"的语言和行为。

此外，颜色也能够唤起人们的"情绪"。如果我的客户要售卖自动驾驶汽车，那么我会建议他不要将车涂装成红色。这是因为人们会在潜意识中将"红色"与"危险、风险"联系在一起。比起红色，能给人以"干净"印象的白色会更好。美国自动驾驶领域的佼佼者特斯拉也是如此，我们在街上看到的特斯拉通常以白色居多。从行为经济学的角度来看，这就不难理解了。

还有实验表明，即使在需要理性判断的职业中，人们的"情绪"也常常会影响决策。下述实验召集了一众精神科医生，要求他们来判断某位患者是否可以出院。

但这些医生并非单纯地做出判断，而是被分成了两组。每组医生会面对以下措辞不同的问题。

【提问第 1 组】

"从目前的数据来看，与患者 A 有相同症状的 100 名患者中，大约有 20 名曾对他人施暴。"

【提问第 2 组】

"从目前的数据来看，与患者 A 有相同症状的患者中，大约有 20% 曾对他人施暴。"

仔细观察你就会发现，其实这两个问题的内容完全相同，只是表达方式不同。但是这两组医生的判断却存在明显差异。

当被问及"100人中有20人"时，第1组中有41%的医生都选择了拒绝出院。相比之下，被问及"20%"的第2组中有21%的医生表示拒绝出院，该比例仅为第1组的一半。这是因为相较于"20%"这一模糊的比例，"20人"这一具体的数字更能让人联想到那些真正在现实生活中实施暴力的人，会让医生产生"消极情绪"。

如果人类是理性的，他们的决策就不会因为表达方式的改变而改变。然而，正如这个例子所示，这种由框架造成的"消极情绪"会让医生们的判断"不理性"。

即使是长期在训练中按照数据冷静做出决策的医生，也会被"情绪"所影响。因此，普通商界人士需要慎之又慎。

还有研究表明，"情绪"会影响我们帮助他人。这是因为我们对需要帮助的人或事情产生的感情越强烈，我们就会越想伸出援手。这一研究结果还是很有说服力的。

不过，我在研究生期间与斯洛维奇等人一起进行的"情绪"研究中，有以下这样一项分组对比调查，该调查表明，渴望帮助他人的感情也会因"引物"(刺激物)而发生。

是否对他人给予帮助,也会受刺激物的影响。该实验将受试者分为以下三组:

- 第1组给予情绪刺激物:让他们在测试前先写出对特定人或事的感受。
- 第2组给予分析类刺激物:让他们在测试前做简单的计算。
- 第3组在测试前不进行任何刺激。

实验结果显示,给予情绪刺激物影响的第1组更愿意对他人给予帮助,比不进行任何刺激物的第3组高出了20%。换言之,在向他人寻求帮助时,如果先进行一些有关情绪的对话,如"你今天感觉怎么样""今天是晴天,心情也好了"等,会让他人更容易接受请求。相反,如果你在他人正在做结算、数据分析等分析类工作时提出请求,他们答应你的可能性就会降低。

此外,被请求帮忙的人为了避免"不帮忙可能会后悔"的感受,就更有可能接受你的请求。另外,研究结果表明,人们会更愿意向处于困境之中的人伸出援手,因为这样能让伸出援手的人感受到更多"积极情绪"。

人们尤其愿意向那些他们能够感同身受和产生共鸣的人提供更多帮助，而非止于最低限度的帮助。

安东尼奥·达马西奥与"情感标记"

那么，这些"情绪"是如何产生的呢？

知名神经学家安东尼奥·达马西奥在研究大脑中哪些部分负责意识和感情时发现，大脑是根据经验来进行分类的。

举个例子，看到狗就会不由自主地微笑的人，一般在童年时有过与狗玩耍的快乐经历，因此他们的大脑中印刻了"积极情感标记"。而只要看到狗就提高警惕的人，很有可能曾被母亲多次教导"狗会咬人"，这就导致他们大脑中的这一部分印刻下了"消极情感标记"。

人们在此前的人生中所积累的种种轻微感情的"标记"，就构成了每个人自己的"情绪"。

当我要解释"情绪"为何物时，我一般会拿出咖啡、汉堡、可爱动物或爬行动物和蜘蛛的图片，让对方谈谈自己的感受。这种感受既不是欣喜若狂，也不是热泪盈眶，而是在瞬间体会到的"轻微的感情"，即"情绪"。并且，我们还能瞬间看出这种"情绪"是积极的还是消极的。

即使是轻微的情绪也会产生巨大影响,所以你可以试着想一想那些与你平时工作息息相关的词语。如果它们在你脑海中是积极的,就会让你感觉更有动力,能更快地投入工作。

反之,如果是消极的,你就会感到沮丧,并试图推迟时间不去做。怎么样?是不是实实在在地感受到了情绪对自己决策和实际行为的影响?

互联网上的感情也具有"传染性"

当与你在一起的人看起来很开心时,你也会变得开心;当他们看起来很悲伤时,你也会变得悲伤。如果你沉浸其中,甚至还会笑出声或者流下泪。我相信你能从个人经验出发理解这一感受。

但"情绪"并不只在现实生活中影响我们的决策。在网络上,情绪也会对你产生很大的影响。

Meta 公司的软件工程师亚当·克莱默曾对 68.9 万名脸书用户展开调查,试图了解出现在他们新闻推送中的帖子会对他们的情绪产生多大影响。他先将用户分为 3 组,并对他们的朋友在时间线上所发的帖子进行操作。

- 第 1 组的时间线：屏蔽所有"积极内容"。
- 第 2 组的时间线：屏蔽所有"消极内容"。
- 第 3 组的时间线：不做任何处理。

结果发现，所看内容不同，用户的行为也明显不同。

第 1 组的时间线上没有了内容积极的帖子，内容消极的帖子就变得更为醒目。这导致看帖子的用户自己发布的消极内容有所增加。

而第 2 组的时间线上没有了内容消极的帖子，内容积极的帖子就变得更为醒目。因此，看到这些帖子的用户所发布的积极内容也有所增加。

这说明朋友在脸书上表达的感情会影响自己的感情。换言之，社交网络会引发大规模的"感情传染"，而这也成了一大话题。即使看不见他人的面部表情和手势动作，听不见他人说话的语气语调，没有了种种非语言互动，感情也能够有效传播。仅仅只是看见他人所发的"正在我最爱的咖啡店！"等积极帖子，你的心情也会昂扬起来。感情，就是这么容易"传染"。

此外，感情还影响你的工作效率。如果你是上司，那么还会影响到你的下属和团队成员的表现。这一点将在后文中进行详细说明。正因如此，你应该更加小心谨慎，不要发火或是不耐烦。因为即使是最轻微的焦躁也会传递给他人。

准确理解和管理自己的感情，并用"系统2"来决定自己如何表现感情或是不表现感情，是工作中的一大重要部分。

"积极情绪"如何影响人们的判断

在上一节中,我们学习了"感情"一章中最基本的内容——"情绪"。

正如前文所述,情绪也分积极和消极。在第 2 节中,我们将重点讨论"积极情绪",并介绍各种相关理论。

"拓展-构建理论":积极情绪能提高业绩

我们首先来看看积极情绪的正面影响。

积极的感情会带来让人幸福的良性循环。这并不是某种幻想,而是由北卡罗来纳大学心理学家芭芭拉·弗雷德里克森所发表的论文证明的切实理论。她将该理论命名为"拓展-构建理论"（Broaden and Build Theory）,该论文迄今为止已有多达两万多次的引用。

从根本上说，积极情绪能拓宽我们的视野和思维，有助于调节由压力造成的身心失调。不仅如此，积极情绪还能使人更有毅力和韧性（精神上的强大恢复力）。积极情绪能增强你的能力、活力和动力，扩大你的人脉和活动范围。

简而言之，积极情绪既能提高工作效率和质量，又能减轻身心压力。

积极情绪不仅会影响个人，还对企业和经济有着不容小觑的影响。

然而，从传统经济学的角度来看，"因感情而发生变化"这一事实实际上是非常不合理的。正是因为忽视了这种"情感"对经济的影响，传统经济学才无法透彻理解实际的经济（商业）。

"情绪"是一种微弱的感情，所以很多人都意识不到。然而，我身边的商界精英们都很了解行为经济学，所以他们对自己和他人的"情绪"都很敏感，并能有意识地、有效地加以利用。他们之所以能做到这一点，是因为他们通过所谓"元认知"，意识到并客观地看待自己的情绪。

在办公桌上摆放一张能让人开心的家庭度假合照，用一支便于使用的优质钢笔来签合同，或者想象一幅美好的画面，都能让自己心情愉悦，提升创造力。或者在紧张的会议之后喝杯热饮放松一下。这些都是运用积极情绪的快捷方式。

虽然情绪很微弱，很快就会消失；但反过来说，情绪也可以很快产生。对于强烈的感情（情感），你必须要取得巨大的成功。但对于轻微的感情（情绪），你只需喝杯喜欢的咖啡它就会涌现心头。换言之，情绪非常便于利用。

我关注积极情绪已经有一段时间了，我的博士论文中也有相关内容。我认为积极情绪其实不仅如此，还可以用作"对实际商业更有用的感情"和"实际推动经济发展的感情"。

目前，美国正在发生"大辞职"（大规模离职潮），"不开心就辞职"的观点正逐渐深入人心。新冠疫情之后，工作方式和价值观都发生了变化。虽然不至于动不动就辞职，但我们确实已不再处于一个全心投入工作的时代。正因如此，商业精英们有责任在企业中充分运用积极情绪。很多优秀的人都有下属，而下属如何工作取决于上司。作为负责管理团队的上司，你有责任确保包括下属在内的身边的每一个人都能享受到工作的乐趣。

"下属能否拿出成果是上司的责任。"

"只有享受工作，才能做好工作。"

这是我的理念，也是我的习惯。当然，只要你从事一个需要自己负责的工作，就不可能 100% 享受。但是，如果就整体而言，你的工作并不那么令人愉快，那么你就不可能取得任何成果。

正因如此，我格外关注下属的情绪，尽量给他们留出选择的余地，授予他们权限，让他们做自己想做的事情。

这是因为当下属感到自己受到上司的信任，接到上司的委托时，他们的积极情绪就会随之增加，也会更加自我肯定。这样一来，他们在工作中就会更加专注、更能思考、更加负责。最令人高兴的是，他们会成长。

工作质量提高了，业绩自然就会有所上升。充分将积极情绪融入工作之中是工作的一部分，或者说，是一项重要的工作。

"心理所有权"可能会让拥有平板电脑的你过度购买

另外，"心理所有权"（Psychological Ownership）也与积极情绪有着重要关联。所谓"心理所有权"，即当人们认为自己拥有某样东西时，即使实际上并不拥有，也会因此而改变自己的行为。

例如员工既不是老板也不是大股东，那就并不是公司的拥有者。然而研究发现，当员工有一种"心理所有权"，即认为"这是我所属的公司，这是我想做的工作"时，对工作的积极情绪就会增加，工作也会更加努力。此外，哈佛大学商学院的弗朗西斯卡·吉诺等人所开展的一项调查发现，对公司有高度"心理所有权"的员工比没有这种感受的员工更愿意完成公司的要求。

感到自己在公司中的作用得到了肯定和地位有了保障，作为公司的一员更有自尊，对自己的工作就会更满意，就会更积极主动地帮助同事，因此取得更好的成绩也就不足为奇了。

还有一个与"心理所有权"相关的理论，即"禀赋效应"（Endowment Effect）。

网络拍卖在美国和日本都很流行。关于网络拍卖，你是否有过这样的经历呢？当你试图出售自己的东西时，你会给自己的东西标上一个很高的价格。这就是所谓的"禀赋效应"，即使对别人来说一文不值，自己也会认为自己的东西有价值。

关于"禀赋效应"，最近有一项有趣的发现。

实验中，受试者被分为两组，A 组使用类似 iPad 的触摸屏，

B组使用普通电脑,两组都需要在网购平台上浏览毛衣、市内观光门票等商品并选择购买。之后,研究人员会询问他们:"有其他人想要你刚刚购买的东西,你愿意卖多少钱?"

结果显示,两组对市内观光门票的报价没有很大差距,但是对毛衣的报价出现了偏差。与使用普通电脑的受试者相比,使用触摸屏的受试者要价更高。

当人们用手指实际触摸屏幕上的毛衣图标时,对这件毛衣的"心理所有权"会有所增加,因此就会倾向于认为它更值钱。那市内观光门票为什么没有受太大影响呢?因为人们在现实生活中也不会用手指触摸那些景色。因此,使用智能手机网购而一下子购入了大量服装和饰品的人很有可能就是受到了这种"禀赋效应"的影响。

"禀赋效应"不仅会影响我们的日常生活,还会影响诸如"出售公司"之类的重大商业事务。

我的朋友杰夫·克莱斯勒是摩根大通行为科学部的负责人,他曾为一位客户的遗产问题提供咨询。这位已故客户留下了一家价值数十亿美元的公司。其子女完全没有参与过公司的经营,对行业一无所知,更不用说对公司的了解了。因此,他们很难自己经营这家公司。但是，一旦他们继承这家公司，哪怕只是在纸面合约的层面上，他们也无法对这家父亲辛辛苦苦创建和经营的公司撒手不管。正当局面陷入僵局时，杰夫向他们解释了"禀赋效应"。这帮助客户的子女理解了自己内心的"偏见"，也意识到了自己的不理智。最终，他们将公司卖给了更加合适的人。

"消极情绪"如何影响人们的判断

了解了积极情绪之后，我们再来看看消极情绪。正如我们在学习积极情绪时所知道的，消极情绪也同样会改变我们的行为。这也是极为非理性的。

大多数商务人士都深知，情绪激动、厉声呵斥、大哭大闹或大发脾气其实都很少见。由此看来，我们很多人都能意识到起伏剧烈的负面"情感"。

然而，"情感"并不是一种会频繁出现的感情。相反，更频繁地出现并且影响人类判断的其实是负面的微弱"情感"，即"消极情绪"。我的恩师、俄勒冈大学教授艾伦·彼得斯曾发表过50多篇关于"情绪"的实验论文，他认为："毫不夸张地说，人类无时无刻不在感受着'情绪'，而'情绪'也无时无刻不在影响着人类的决策。"

你有过这种感觉吗?"不知怎么,就是不想做这份工作。"有时正是因为这种感觉,你花多少时间都无法投入到工作之中。

你身边是否也有人有时不知怎么就情绪有些低落,或是焦虑、反应迟钝,抑或是一会儿站起一会儿坐下,注意力不集中?这些人也是没有意识到消极情绪的人。

因此,经常影响我们决策的不是起伏剧烈的"情感",而是消极情绪。在本节中,我们将探讨身边的消极情绪会如何影响人类的非理性决策。

"消极情绪"是敌是友

正如前文所述,从进化的角度来看,人类的感情本身是有用的,心理学也将愤怒和恐惧等负面感情与"战斗、逃跑的本能"联系在一起。曾几何时,当发现灌木丛中有熊时,心头的恐惧和焦虑就是提醒我们"快跑"的信号。这些有用的感情会有助于我们生存。

尽管随着人类的进化这些危险情况已经大大减少,但感情依旧会频繁产生。我们知道,这种感情会对各种行为产生负面影响。

因此，我们应当充分了解自己的负面感情，并尽可能地有效地利用它们。

"认知重评"（Cognitive Reappraisal）就是一项在商业中颇为有用的研究成果。所谓"认知重评"，是指审视自己所拥有的模糊感情并对其加以理解，再重新评估它们，发挥它们的作用。

"消极情绪"可以说是"大脑的小焦虑和小不满"。它们在脑中喃喃低语，如果不留心就会听不见。但如果任由其发展，这股声音就会越来越大。

因此，首先我们需要养成自己关注"大脑中的情绪"的习惯，留心"大脑中存在消极情绪"的现象。接着，我们需要承认这种消极情绪。假如你发现自己很焦虑，你就可以大声说出来："我很焦虑。"然后认真思考："我为什么焦虑？焦虑的原因可能是什么？"随后你可能会发现："这是因为我对下周启动的项目没有信心。"只要像这样找到原因，你就能够平静下来。

你也可以重新评估这件事，把这种消极情绪转化为积极情绪："把这样一个责任重大的项目交给我，证明他们对我的期望很高。所以我应该再接再厉！"此外，当你因工作而情绪低落时，与其纠结自己为什么会犯这样的错误，不如重新评估当时的情况："我懂了，下次绝不会再犯。"研究表明，这种重新评估能够减少心中的消极情绪。

正如前面提到的"拓展-构建理论"所述，负面感情可能是有害的，会导致严重的身心健康问题。因此，与其一味地压抑自己，不如正确面对，并思考如何以适合自己的好方法来处理这些负面感情。

我们都会拿自己和成功人士对比，感到嫉妒和不自信。虽然常言道"你应该走自己的路，不要与别人比较"，但如上所述，行为经济学的研究表明，人类大多是通过比较来理解事物的。

大脑不会单独理解某一条信息，而是通过将其与周围的信息进行比较来感知这条信息。可以说，"比较就是人类的默认选项"。

问题在于因为比较而产生的负面感情。我们要如何消除这种嫉妒和情绪低落呢？

你可以将与他人相比而感到自己"低人一等"的挫败感转化为更加努力的动力。你可以积极地想"我要像他一样提高业绩"，也可以消极地想"正因为我不想输给他，所以我才需要更加努力"。另外,"如果我输给他怎么办"这种焦虑也可以转化为你努力的动力。

还有一种方法是改变做比较的对象。例如,你可以不拿自己与成功人士相比,而是做一些更具体的比较,比如和 5 年前的自己相比成长了多少。此外,当你看到一个无甚社会经验的新员工在努力工作和学习时,你也可以借此认可自己:"我刚来的时候也是这样,但现在不同了,因为我努力了、成长了。"

如何让短短 2 分钟的演讲精妙绝伦

实际上,艾莉森·布鲁克斯的实验表明,负面感情可以通过"认知重评"转化为有效感情。

首先,实验中的受试者需要进行 2 分钟的演讲,主题是"我如何完成工作",必须要说"我非常优秀,我与身边的同事合作无间,为公司做出了贡献"这样具有说服力的话,实际上给人以很大的压力。

这个实验相当严格。在他人面前演讲固然让人紧张,但还有一个让人更加焦虑的附加条件:"你的演讲将被全程拍摄记录,然后会有人打分。"

受试者被分成两组，每组在开始演讲之前需要张嘴复述以下内容：

- 第 1 组："我现在很兴奋。"
- 第 2 组："保持平常心，我很平静。"

实验结果表明，第 1 组的受试者更能自信满满地表示"我是有能力的员工"，所得评价更高。

焦虑和紧张的负面感情并不会轻易消失，试图通过"我不紧张，我很好"来压制它们可能会适得其反。因此，像第 1 组一样认识到自己的消极情绪，再将其转化为"动力"等积极情绪会更好。

类似的研究还有很多。美国有很多人都觉得自己数学不好，因此有一项实验给受试者出了难度很高的数学题：

- 第 1 组：告诉受试者"请冷静沉着地完成这道题目"。
- 第 2 组：告诉受试者"这是一项挑战，请兴奋起来，享受做数学题的乐趣"。
- 第 3 组：不做任何前情提要。

从以上三组答题的正确率来看，第 2 组比另外两组高出了 22%。

因此，你越是忽视或压制消极情绪，就越可能受到其负面影响。我们应该接受自己紧张的事实，并将其重塑为"兴奋"。

凭借"立马放弃"逃离"消极情绪"

当你要开始工作或运动时，设定一个恰当的目标是个不错的选择。但你是否曾不知为何感到"好讨厌，我觉得我做不到"这种负面情绪涌上心头？这时，我建议你不设定任何目标，做好"立马放弃"的准备。

写企划书、运动或学习，你可以直接开始，连"就做 5 分钟"这样的目标都不要设定。因为如果一开始就设定一个目标，比如"今天上午我要集中精力写一个小时的企划书"，那么你很快就会受到消极情绪的影响，感到提不起劲来："好讨厌，我觉得我做不到。"这让你在开始前就想好了借口，比如："啊，我得为明天的约会做准备，所以今天没时间做吧。"

但如果你在这种消极情绪入侵前就直接开始动手做，就能取得一些小成果。这会使得你的心中产生积极情绪。"开始做"就是一种成就，即使你只付出了五分钟的努力，你也会有小小的成就感。而且，只要你开始动手做，"现状偏差"就会发挥作用，让你可以继续做下去。

所谓的"小目标"也很有效,你还可以逐渐扩大目标的范围。我在锻炼时就采用了这种方法,我从不提前设定目标,而是先坐上动感单车。开始后我会先告诉自己"先努力骑 5 到 10 分钟",在实际锻炼 10 分钟后,我再给自己一点一点地设定小目标,比如"好不容易锻炼一次,骑 20 分钟吧。差不多做这么长时间的有氧运动才能开始燃烧脂肪"。

如果继续了 20 分钟,那么很容易就能做到 30 分钟。我还会看看自己的 Apple Watch,比如上面显示"消耗了 75 卡路里",就会再让我产生积极情绪,认为"有所成效"。这样一来,我就会把目标再提升到"消耗 100 卡路里"。这样一直欺骗自己的大脑,你就能在不知不觉中锻炼一个小时。

当然,你也会有因为睡眠不足而提不起劲来的时候。这种情况下,我会立马选择放弃。这样做是为了避免产生"动感单车 = 辛苦、讨厌"的消极情绪。

重要的是要养成习惯,不仅要避免产生消极情绪,还要促进自己产生积极情绪。但这不是关于钱或其他事物的问题,而是你要通过"我努力锻炼了!我真棒"来进行自我赞美。多项实验表明,这样做所产生的积极情绪才是对自己最好的奖励。

stickK 网站：一种让你心甘情愿捐钱给自己不喜欢的组织团体的服务

在本节最后，还要介绍一个关于扭转消极情绪，给自己的行为带来积极影响的例子。

例如在美国，熟悉行为经济学的人都知道，最好要把自己的新年目标告诉别人。你知道这是为什么吗？

因为当我告诉别人我的目标时，心中就会有一种焦虑油然而生："我已经给大家说了，要是我实现不了该怎么办……"

众所周知，过度的压力是不好的。但正如这个例子所示，适度的消极情绪反而能发挥积极作用。通过适度的消极情绪，人们为了尽量避免自己日后可能会尴尬的情况，从而更有可能去实现自己的目标。此外，当自己真正实现目标时，也可以因周围其他人的认可而产生积极情绪。

如今，就有一种有趣的互联网服务利用了这种消极情绪。

如果你不能实现自己设定的目标，就必须给自己讨厌的团体或组织捐钱，是否能让你更严肃地面对目标？在美国，只要你没有实现目标，就得把钱捐给与你政见相左的慈善机构，或者捐给你平时支持的团体的竞争对手。

这就是成立于 2007 年的 stickK 网站所推出的服务。在这个网站上，用户可以决定要支付多少钱，并输入自己想要实现的目标。

此外，还可以选择如果目标未能达成自己要如何处理这笔钱（例如捐给自己不喜欢的慈善机构）。如果用户在规定时间内实现了目标，他们就能拿回自己的钱。否则，钱就按照用户最初的设定，捐给用户讨厌的慈善机构。

为了规避因"失去自己宝贵的钱"和"自己的钱流入了讨厌的团体口袋里"而产生的消极情绪，人们就会得到激励，从而帮助自己实现目标。

这就是一个如何利用消极情绪和积极情绪给自己带来好处的范例。

感情会影响我们的消费方式

此前我们了解了对人类非理性决策有重大影响的"情绪"（Affect），也得知情绪有积极和消极之分。

这些"情绪"会导致人们做出各种各样的"非理性行为"，其中就有"消费方式"这一极具特征的行为。

你是否曾在情绪低落时大手大脚花钱呢？如果人类是理性的，就不会受到感情驱使而疯狂消费。然而，我们就是会受当下的感情影响而进行"非理性消费"。

既然经济（商业）是由这样一群"非理性消费"的人组成的，那么经济自然也是受感情驱使的非理性事物。

本节将探讨感情如何影响人们的消费方式。

你正在被亚马逊的"无现金效应"麻痹

在前文中,我们介绍过"禀赋效应",即人们在网购时如果触摸屏幕购物会认为商品更具吸引力。而这也是感情影响消费方式的典型案例。

换言之,在购买前,最好不要对目标商品有"这是我的东西"的感觉,而要对自己手里的钱有这样的感情。这样一来,你就不会胡乱花钱。此外,用现金消费还是不用现金消费也会对人们的消费方式产生影响。

目前,日本正在迅速推广无现金化。消费者厅的数据显示,无现金化的普及率已从 2019 年 12 月的 54.2% 增至 2022 年 2 月的 64.0%。与日本相比,美国的无现金化更为发达,大多数人都已不再使用现金,完全养成了使用银行卡或智能手机软件来支付的习惯。

然而,行为经济学表明,不使用现金的人开销会更大。这是因为无现金支付缺乏"透明度",人们不太会从中感受到花钱带来的心理痛苦(Pain of Paying)。另外,人们对花了多少钱的实感比较弱,因此很难对"花了这么多钱"一事产生消极情绪,从而导致越花越多。

反之，现金支付的透明度较高。也就是说，你在现实生活中掏钱给对方换来眼前的商品时对自己花了多少钱的实感比较强，因此更容易产生消极情绪，就不会胡乱花钱。

亚马逊等网购平台就是让你刷卡支付，甚至一键就可以完成购物。在这种对自己心仪商品产生的积极情绪的引导下，你很容易因经济意识麻痹大意而选择不断"买买买"。同时，由于对花了多少钱的实感较弱，也就难以感受到"我浪费钱了"的消极情绪，往往就会大手大脚继续花。

当然，银行卡和手机软件支付既安全又方便，也是一个不错的选择。比如在健康或教育方面花钱来投资自己时用银行卡支付就很好，因为使用现金支付时会更真切地感受到"花钱的痛苦"，从而更舍不得花钱。如果你认为这笔钱该花（当然得是在你自己的预算范围内），那么就可以用银行卡来支付。

相反，如果是买一杯星巴克的拿铁这种"小乐趣、小奢侈"，你就应该用现金支付。在清点和递出现金的过程中，你"花钱"的实感也会增强，而不是沉浸在被咖啡香气所勾起的积极情绪中不知不觉间花掉好多钱。此外，通过更有意识的消费行为，消费者可以更强烈地感受到这种"小乐趣、小奢侈"带来的享受和快乐，因为你在这上面"花了如此多宝贵的钱"。

为什么标价"20.00"会比标价"＄20.00"卖得更好

关于金钱和心理距离，还有一个非常有趣的实验。某家饭店准备了以下两种不同的菜单：

- 菜单 A：每道菜的价格标为"＄＋金额"，例如"某某菜 ＄20.00"。
- 菜单 B：每道菜的价格仅标金额数字，例如"某某菜 20.00"。

两种菜单唯一的区别就是有无"＄"符号，菜单设计和菜品种类等其他内容完全相同。

但是，结果显示手捧菜单 B 的顾客开销明显增加。因为没有"＄"符号，尽管人们的大脑中清楚地知道这表示价格，但"花钱"这一行为并没有在心理上产生共鸣，因此他们更容易掏出钱来花掉。

日本也有一些外资酒店和高档餐厅的菜单上只标数字，如标成"2000"而非"2000 日元"。

如果你是卖家，想提高自己的销售额，就应该只标数字，如"2000"；如果你是买家，想节省自己的钱，又看到菜单上只标了"2000"这种数字，就应该提起精神来慎重点单。

软件支付和电子商务都广泛采用积分系统，这其实也是公司根据"无现金效应"制定的策略，旨在降低大家消费时的透明度。例如提供"随时退货"服务的网站退还的是积分而不是实实在在的钱，因此消费者"积分＝金钱"的感觉就会减弱，从而容易轻易花掉手头的积分。

这与人们在赌场和游戏厅把手头的现金换成游戏币是一个道理，这背后都隐藏着促使你花费的策略。

"目标梯度效应"：激发你积点欲望的"积点卡"

除了"无现金"和"积分"之外，还有一种运用行为经济学的战略——"积点卡"。

比如现在有两家咖啡店，在你购买咖啡后都会发放一张积点卡，并给你盖一个章。

- 咖啡店 A：集齐 10 个印章，可免费获得一杯咖啡。
- 咖啡店 B：集齐 12 个印章，可免费获得一杯咖啡。但积点卡上一开始就会盖好 2 个印章。

仔细想想就不难发现，其实两家店提供的服务是一样的，都是买 10 杯送 1 杯。但实验结果显示，两家咖啡店中咖啡店 B 的顾客能更快集齐所有印章。

因为咖啡店 B 发放的积点卡上一开始就会盖好 2 个印章，这就让顾客的内心产生了"免费获得 2 个印章"的积极情绪。

此外，由于受到"目标梯度效应"（Goal Gradient Effect）的影响，顾客每次看到自己的卡上又盖上一个印章时，心头都会涌现出一种积极情绪，认为"我已经集齐了这么多，马上就要大功告成了"，从而激励自己采取进一步行动。

这个例子也可以用来在人们要开始做一连串工作时激励他们。例如现在有 20 项任务要完成，你虽然已经把这 20 项任务清清楚楚地列了出来，但你一看有这么多，顿时就会不想动工。这时，你可以先标出其中的两三项很容易完成的任务，比如"检查邮箱"等。如果你能立刻完成它们，心里就会涌现出成就感等积极情绪，从而更有动力、更加努力。

不过，当你完成 10 项进展到一半时，进度可能又会放缓。在这种情况下，你可以新建一张清单把剩下的 10 项挪进去，然后重新开始。

积点卡采用了"积极情绪"和"目标梯度效应"两种行为经济学理论，今后也可以保留在软件和积分的形式之中。除了增加店铺销售额和帮助吸引回头客外，发放这类卡片时还可以获得顾客信息。

一开始就盖上 2 个印章并不会对店铺造成任何损失，只有些微的盖章时间成本和油墨成本。但是这样就可以大大提升店铺获益，可谓十分明智的策略。

用钱买到幸福的五种方法

此前，我们了解了感情会如何导致人们"非理性消费"。

另外，花钱也有助于人们调节自己的感情，这也是人性中有趣而不合理的一面。

本节的最后，我们将从行为经济学的角度来探讨如何花钱才能让自己幸福快乐。

不列颠哥伦比亚大学的伊丽莎白·邓恩和哈佛大学商学院的迈克尔·诺顿撰写了一本关于行为经济学和金钱的著作《花钱带来的幸福感》⊖（中经出版），提出了通过花钱来让自己感到幸福的 5 种原则。

（1）购买体验。

比起购买服饰等物品，把钱花在去旅行等"体验"上更能提

⊖ 本书中文版已由机械工业出版社出版。——译者注

升我们的幸福感。"体验"还会花费"时间",而"时间"比金钱更具价值。提到送礼,我们往往会送一些实物给家人和同事,但其实送给他们一些可以一起体验的东西或者心仪活动的门票也是一个好主意。

(2)让自己花的钱成为一种难得的享受。

无论是你最喜欢的香水还是领带,如果你每天使用就会逐渐习惯,你从中体验到的幸福感也会降低。如果你稍微忍耐一下,给自己设定一个限制,只在"特殊场合"或"心情不好的周一"来使用,那这就会成为特殊奖励,维持你从自己喜爱的事物中获得的幸福感。

(3)购买时间。

如果你花了钱获得了更多时间,你的幸福感就会增加。例如房子租在离公司更近的地方,哪怕房租稍高,也能减轻通勤带来的身心压力。你还可以花钱请家政来做家务,这种服务虽然在日本不常见,但在美国却很流行。点外卖也不失为一种购买时间的好方法。去国外出差或出国旅行时,选择直飞航班而不是转机航班,即使价格稍高,也是在"购买时间",这能让你感到幸福快乐。与其因为觉得浪费钱而给自己徒增压力,最终却因为压力过大而花更多的钱，不如选择这种更为健康、聪明的花钱方式。

（4）提前付款。

提前购买音乐会门票和当天购买音乐会门票相比有两个好处。一是可以数着时间在快乐中一天天期待："再等一个月，还有三周，就剩两周。"二是当你真正去听音乐会的时候可以忘记钱的事，纯粹地享受这场音乐会。相反，如果在音乐会当天购买昂贵的门票并前往观看，可能会让你无法尽情享受，因为你的脑海中总是想着自己花的钱。

（5）投资于他人。

如果认为把钱花在别人身上而不是自己身上会增加幸福感，那么这无疑是不理性的。然而，一项实验得出了不同的结论。实验中有两组受试者，一组需要给自己花钱，另一组则需要把钱花在别人身上，研究人员会在最后询问他们的幸福程度。结果显示，把钱花在别人身上的那一组人的幸福程度更高。还有另一项实验显示，为身患重病而住院的儿童买糖果的人比自己给自己买糖果的人幸福感更高。

我希望大家能够根据以上原则，采用更明智的方法来花钱，激发自己和身边其他人的积极情绪，让彼此都更加幸福。

"控制感"也会影响人们的判断

人类生来就充满控制欲

正如前文所述,人们总是觉得自己在按照自己的意志做决策、去行动,是自己在控制自己的人生。并且,还会对这种控制有着强烈的愿望。这里的"控制",是指"自己能够影响自己,使自己朝着自己希望的方向前进"。

增强个人心理上的控制感能够有效提升工作满意度和幸福感。而增强下属心理上的控制感,则可以激发他们努力工作的动力和责任感,还可以防止员工流失。

但在现实社会中,要想事事如意并不可能。换言之,人们无法时时都有心理上的控制感。

凭直觉,我们知道自己不喜欢自己的人生被他人或环境所控制。还有调查表明，心理上的控制感减弱会产生负面感情，进而影响人们的非理性决策和行为。此外，"被其他东西（人、环境）控制"的感觉还会对身体产生负面影响，导致与抑郁、压力和焦虑相关的疾病。

接下来，我们一起来了解一下这种重要的心理上的控制感。

南加州大学血液采集与控制实验

当你悲伤或压力过大时，你就会想要购物——这也是想要重新获得心理上的控制感的一种表现。

人们之所以会感到悲伤，往往是因为他们被自己以外的人或环境控制，从而有一种"我什么都做不了"的无力感，而这又激发了自己"要尽快夺回主导权"的欲望。

购物可以让人们选择自己想要的东西，并用自己的力量（金钱）来拥有它。换言之，购物是一种很容易给人们带来心理上的控制感的行为。

问题是，如果这样购物，那无论你有多少钱都永远不够用。

没关系，密歇根大学的斯科特·里克等人的一项实验发现，有一种不花钱也能让人心情变好的购物方式。

实验中，受试者需要浏览一个网购平台，并将自己心仪的商品放入购物车。不用下单付钱，就像过去看橱窗里的商品一样看看就好。

结果显示，那些感到悲伤的人的坏心情都有所缓解。只需将商品放入购物车，不花一分钱也能产生"购物效应"。

但是，在愤怒的人身上做同样的实验时，他们的愤怒并没有因为这种想象中的购物而消失。

为什么呢？因为愤怒主要是针对特定的"人"和"环境"，如"我对谁感到愤怒"或"我对这种情况感到愤怒"。因此，研究人员分析认为，通过购物来增强心理上的控制感并不会分散对感情的注意力。事实上，如果你抱着"那个客户真的很烦"的愤怒感购物，你的愤怒并不会消失。

如果你是企业方，那么可以考虑提供更多颜色的商品，或者提供定制颜色和姓名首字母缩写的服务来使悲伤的人获得更有效的购物体验。这样一来，顾客心理上的控制感会进一步增强，从而感到高兴，你们之间就会建立起一种"双赢"的关系。

还有一项关于"抽血"的相关实验。

大家应该都有过这种体验吧？在抽血的时候，虽然心里明白这是一项必要的检查，但还是会不由自主地担心起来："要是特别疼该怎么办？"

南加州大学理查德·米尔斯等人开展的一项调查发现，如果护士在抽血时询问病人"你想在哪只手臂上抽血，左臂还是右臂"，那么这种消极情绪就会大大减少。

现在，几乎每家医院的护士都会问你"你想在哪只手臂上抽血"，但至少在美国，以前是由护士自己决定的。按道理，由专业的护士来判断哪只手臂的血管更容易抽血是非常合理的。

然而，从病人的角度来看，抽血会引发他们内心的消极情绪。因为这是一项必要的检查，所以会给他们带来强烈的"被迫"感，降低了他们心理上的控制感。研究表明，在这种情况下，如果病人自己能控制从哪只手臂抽血，那么其焦虑程度就会降低，满意度也会提高。

决定从哪只手臂抽血确实只是一件小事。但只要能在这件小事上取得主动权，就能减少心中的消极情绪，让人更有安全感。

"边缘效应"发力，带有边框的药品包装更受欢迎

图 3-1 中有两款药品的包装盒。有时会有客户向我咨询商品包装方面的建议，如果让 2023 年春天正在撰写这本书的我来提建议，我会选左边那一款。作为顾问，我们的职责不是选择有创意、有品位的设计，而是根据科学依据选择"人们会更想要"的设计。因此，我有充分的科学依据来向客户推荐"左边那款更好"。

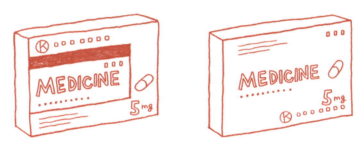

图 3-1　两款药品的包装盒

当全球局势动荡不安时，人们会变得焦虑不安，感到自己无能为力，被环境所操控。

这时，曾和我同在杜克大学的凯莎·卡特赖特在其毕业论文中提出的"边缘效应"（Boundary Effect）就能派上用场了。

她在实验中发现，感觉"被其他东西（人、环境）所控制"

的人更喜欢有类似边界和围墙等边框的包装。

左边那一款包装盒上，商品名称四周就被方形边框围住了。这种视觉效果会让人在潜意识中产生一种控制感，从而吸引焦虑的人。

我的工作要求我关注包装设计和广告视觉效果，但面向富人设计的商品都是开放式的，我几乎没有见过界限分明的样式。

当然，没有实验明确证明"当经济形势好、蓬勃发展时包装上没有边框的商品卖得更好"，所以这一点目前还只是假设。

"不确定性"也会影响人们的判断

"不确定性原理":"未知"会带来最沉重的压力

在行为经济学中,"不确定性"(Uncertainty)一直是一个备受关注的话题。

人类生活中几乎没有"绝对的确定性"。你在一家大公司找到一份工作,自己以为会在那里工作一辈子,但这家公司也有可能会倒闭。特别是在日本,随时都有可能发生大地震。虽然我们不太愿意去想象,但总有可能会出现火灾、抢劫或突发疾病等一些不可预见的情况突然夺去我们的生命。如果要举一些更贴近日常生活的例子,那么平时一直准点的公交车晚点,与自己长期保持合作关系的客户突然终止合约等情况都是如此。你也应该曾买过自己本觉得"肯定不错",结果用起来大失所望的东西吧?

人类天生讨厌这种"不确定性"。

"不确定性"和"控制感"一样,都会产生影响人类非理性决策的负面感情。因此,"不确定性同样会影响人类的非理性决策"。

"不确定性"会如何产生负面感情呢?我曾在一次行为经济学会议上与一位研究人员谈论过一项相关实验。这项实验围绕在医院被诊断为"疑似癌症"的患者展开,调查了患者被告知"疑似癌症"后的心理状态。

如果你因身体不适而去做检查,结果被告知"疑似癌症",那么你肯定会陷入担心、焦虑和恐惧之中。哪怕只是在体检时被告知"需要二次检查",你也会焦虑不安。

这项实验的受试者也是如此。不出所料,当他们被告知"疑似癌症"时,每个人的负面感情都会高涨。

这项实验的有趣之处就在这里。被告知"疑似癌症"的患者中,既有最终确认没有患癌的患者,也有的确患上了癌症的患者。

当患者最终被告知"没有患癌"时,他们的压力水平会迅速下降,甚至比被告知"疑似癌症"前还要低。当然,这并不奇怪。

值得注意的是的确患上了癌症的患者。当他们被告知自己患有癌症时，压力水平就理所当然地骤然上升。但几天后，他们的压力水平又下降了，低于被告知"疑似癌症"前的水平。据推测，确定自己患上癌症并了解了治疗方法以及其他应对方案等接下来的相关步骤后，"不确定性"有所下降，人们的压力也会随之降低。换言之，该研究表明，比起实际上遭遇不幸，"可能会遭遇不幸"这一"不确定"的状态会带给人们更大的心理负担。

还有调查表明，在日常生活中，对"可能会有不好的事情发生"的担心会比这件事实实在在发生后带给人们心理上的打击更大。为了避免这种情况，与其过度焦虑"如果客户不喜欢这个方案该怎么办"，不如改变心态告诉自己"我已经尽我所能"。

美国乐透彩票"超级百万"与不确定性

此前，我们讨论了人类希望回避"不确定性"的倾向。但其中有唯一的例外，那就是"希望"这种积极感情。

如果提到美国的"寄予希望"，就会想到当前的热门话题——"彩票"。在 2023 年年初，撰写本书之际，有新闻报道称："某人中了获奖金额达 10 亿美元的彩票。"在日本，买彩票的人也很多，"获奖概率高"的彩票店门口甚至还会大排长龙。

如果从理性的角度来判断，你应该能意识到自己中奖的希望其实相当渺茫。事实上，彩票的获奖金额之所以能够不断增长，就是因为没人能中大奖。如果人们只是单纯不喜欢"不确定性"，那就应该不会购买彩票了。

然而，买彩票的人依旧络绎不绝。因为人们不会去想概率的问题，说什么中彩票的概率低到无法想象，而是会反过来想自己要是中了大奖该有多高兴。

- "中彩票的概率简直微乎其微。"
- "要是中了彩票，我就可以辞掉工作过上纸醉金迷的生活。"

这两种说法中哪一种更容易在脑海中形象化呢？除非你是数学家（其实数学家也会这样），否则都会认为是后者。在人们心中，"要是中了彩票，我就可以辞掉工作，买我想买，环球旅行，舒舒服服过一辈子"这种梦幻般生活的相关情绪会排在"按照概率来说根本中不了"的理性前面。换言之，即使中奖概率极低，也因为发家致富的美梦更容易在脑海中形象化，所以人们还是会受情绪驱使做出买彩票这类非理性行为。

下述实验就证明了这一点。实验将受试者分为两组，询问他们会为了以下的代金券抽奖投入多少钱。

- 第一组：可以抽到价值 500 美元（约合人民币 3600 元）的欧洲游代金券。
- 第二组：可以抽到价值 500 美元（约合人民币 3600 元）的学费代金券。

如你所见，两组抽奖的奖品金额相同。在这种情况下，研究人员告诉受试者"中奖概率为 99%"，结果显示受试者愿意为学费代金券投入的金额比欧洲游代金券投入的金额高出近 10%。但如果"中奖概率仅有 1%"呢？结果显示，受试者愿意为欧洲游代金券投入的金额是学费代金券投入的金额的 4 倍之多。

这是因为欧洲游和彩票一样能带给人们强烈的积极情绪，而学费能带来的积极情绪相对较弱。这印证了人性中非理性的一面，即"当中奖概率较低时，人们的决策更多是受积极情绪驱动而非概率。"

在日常工作中通常也会有两种项目，一种是"很喜欢，但不知道能不能成功"，另一种是"肯定能带来收益，但不喜欢也不讨厌"。

在这种情况下，大多数商界人士都会把精力和时间花在自己喜欢和关心的那个项目上，尽管这个项目成功的概率很低。当然，这并不是一件坏事。但我们一定要注意时间管理，因为这可能会使我们无法专注于那些虽然自己不喜欢也不讨厌但是更可靠、成功概率更高的工作，甚至导致失败。我希望大家能够记住行为经济学的理论，冷静地分配自己的工作。

到目前为止，我们已经对行为经济学三大支柱"认知习惯""环境"和"感情"逐一进行了探讨，相信这将有助于大家更轻松地学习这门学科，将其内化为自身的素养。读到这里，你可能已经感觉到，这三者实际上在多数情况下是相互交织的。例如"冷热移情差距"既涉及"认知习惯"又涉及"感情"，还会因"环境"而导致人们做出非理性决策。

不过，由于本书面向的是行为经济学的初学者，因此优先考虑将行为经济学的理论系统化，分为三大要素并独立进行解释说明。通过对这三大要素的理解，相信你可以更容易地认识到非理性行为，解释其背后成因，从而更加迅速地采取行动来加以应对。

SUMMARY
小　结

- 传统经济学认为人类不会被感情左右。然而，在现实中，人们会因感情而做出非理性的决策。决策受感情影响这一事实本身就是非理性的。
- 感情其实分为两种。一种是强烈的感情，即（离散）情感；另一种是微弱的感情，即情绪。相较于情感，人们受情绪的影响更加频繁。因此，在考虑人们非理性决策的原因时，应该格外关注"情绪"。
- 情绪有积极和消极之分。
- 一般情况下，积极情绪会引导人们朝着正确的方向前进，但也可能导致挥霍浪费。
- 越是压制消极情绪，就越容易受到其负面影响。因此，我们不应该一味压制消极情绪，而是要理解自己的负面感情，并充分加以利用。
- 感情会影响我们花钱的方式，甚至导致我们浪费钱。
- 缺乏心理上的控制感会引发负面感情，进而导致非理性决策。
- "不确定性"也会产生负面感情，进而导致非理性决策。

| 终章 |

我们身边的
行为经济学

概述 & 测试

此前，我们已经从"学术研究"和"对现实商业的影响"这两个角度讨论了行为经济学。本书是一本面向商界人士的教育图书，在本书的最后，我们将在终章中进一步从"商业"的角度出发，根据以下三点解释"社会中的行为经济学"。

（1）"了解自我和他人"与行为经济学。

无论是作为商界人士，还是单纯作为一个普通人，要想拥有更广阔的视野，就必须先了解自己。了解了自己，你就会意识到自己的非理性之处和决策倾向，从而能做出更好的决策，采取自己想要的行动。

（2）"可持续性"与行为经济学。

在21世纪的当下，市场发展逐步走向极限，身处其中的商界人士必须追求可持续发展。更不用说联合国可持续发展目标（SDGs）提出了多达17个具体目标。

在本节中，我们将从行为经济学的角度来思考SDGs的内涵。

（3）"DEI"战略与行为经济学。

认识世界的方式多种多样，其中有关"D&I"的讨论更是热火朝天。"D&I"即多样性（Diversity）和包容性（Inclusion）。如今，这一概念进一步发展，扩充为了"多样性、公平性、包容性"。DEI 是一个在"D&I"基础上增加了公平性（Equity）的概念，也是未来世界面临的一大问题。本节中，将从行为经济学的角度来解释"DEI"战略。

在进入第一节"'了解自我和他人'与行为经济学"之前，让我们来做一个小测试。

测试

以下有两版防晒霜的广告文案。您觉得哪一版会更具吸引力？

- A版："你也能做到！非常简单，按照 A→B→C 的顺序来。只需把防晒霜放在牙膏旁，每早使用即可！"
- B版："研究表明，即使你只在阳光下停留一小会儿，这款防晒霜也能有效发挥抗老、防晒伤、预防皮肤癌的作用。"

"了解自我和他人"与行为经济学

方才的小测试中,你认为哪一版广告文案对自己来说更具吸引力?这个测试实际上有助于你了解自己的性格特征。

我们先来看结论。如果你选择了 A 版,那么你应该属于"促进定向"型;如果你选择 B 版,那么你应该属于"预防定向"型。你是哪一种呢?

在本节中,我们将探讨"了解自我和他人"与行为经济学这一主题。

"了解自我和他人"蕴含着巨大的力量

传统经济学认为每个人都是一样的。因为大家都会做出理性的决策,都会采取理性的行为,所以人类作为整体,只会有一种正确的答案。简而言之,传统经济学就是这样一种只有一种答案的理论。

相反，行为经济学认为人并非总是理性的，每个人都不一样。每个人都有不同的"认知习惯"，即便"认知习惯"相同也有强有弱，同样还受"环境"和"感情"的影响。

虽然人们都有"系统1"和"系统2"两套系统，但有些人一般倾向于使用"系统1"，也有些人更多地使用"系统2"。

一些科技公司会根据行为经济学分析人们的这些倾向，并提供性格评估服务。我就在这样一家类似的公司做顾问，他们主要提供以更专业的方式量化"人的非理性"这一服务。

- 你更在乎"损失"还是"收益"？
- 与他人相比，你是在工作场合得到的评价高，还是在个人生活中？
- 在什么情况下你会愿意承担风险？

只要回答这些问题，这项服务就能够帮助你分析自己的性格特点和金钱观念，量化你做出决策和采取行动的逻辑。

幸运的是，这项服务的英文版一经推出就大受欢迎。我们的一个做证券公司的客户曾反馈道："我们的客户（投资者）在更加了解自己后，对投资产品的兴趣增加了三成。他们了解了自己，就能明白哪种投资更适合自己，所以给我们的好评也更多。此外，我们还可以通过这种方式加深对客户的了解，进而改善我们所提供的服务。"我们越了解自己和他人，就越能明白自己和他人是如何做出决策的，明白这一逻辑又会如何影响我们的行为。我们可以将这一点充分利用到商业经营和个人生活之中。还可以借此解决一个哲学问题："我应该如何在未来的世界中生活？"

类型1："促进定向"还是"预防定向"

本章开头的测试中曾提到一个在了解自我和他人方面不可或缺的行为经济学理论，即"调节定向理论"（Regulatory Focus Theory）。

该理论由哥伦比亚大学心理学家托里·希金斯提出，自1997发表以来已引起了广泛关注，相关学术论文多达数千篇。

简单来说，"调节定向理论"将人们实现目标的动机主要分为"促进定向"和"预防定向"两种。

例如，如果你接到一个新项目，你会——

- 促进定向：为了获得成功而努力奋斗。
- 预防定向：因为自己是负责人不想失败，所以全力以赴。

这两种动机产生的行为本身是一样的，都是"努力工作"。但"促进定向"是"为了变成这样而努力"，也就是说其动机是"超越现状"。

"促进定向"型的人的动力来源于自己想做的事和成功后的未来。他们渴望成长、发展和晋升，行为动机通常是追求积极的结果和为了实现目标。

他们在决策过程中持乐观态度，不惧风险，富于创新。同时注重机会和发展潜力，追求利益最大化。顺便提一句，我也是"促进定向"型的人。

而"预防定向"是"为了不这样而努力"，也就是说其动机是"不想比现状更坏"。可以说，他们的动力是完成自己应做的事情、履行好责任。

他们渴望安全、保障和稳定，行为动机通常是避免消极的结果和维持现状。

他们在决策过程中更加细心谨慎和认真求实，将责任和义务放在首位，倾向于规避风险，更加关注潜在的威胁和危险，并会努力将损失降到最低。

这两者并没有对错之分。了解自己是"促进定向"还是"预防定向",有助于分析自己的决策和行为倾向。此外,了解你的客户、上司或同事是哪一种类型,也有助于你与他们正确相处。

例如,如果你鼓励"促进定向"型的下属"这样做成效更佳",建议"预防定向"型的下属"这样做不会犯错",那么他们会更听得进去你的话。

类型 2:"利益最大化"还是"知足者常乐"

行为经济学将决策路径分为两大类,分别是"利益最大化"和"知足者常乐"。

例如你现在正在为下一个假期做计划——

- 利益最大化:花时间做充分研究。
- 知足者常乐:从十大热门景点中随机选一个。

"利益最大化"型的人(又称"最大化者")为了做出最佳选择会收集大量信息,逐一仔细考虑所有选项。因此,他们往往会无意识地在每个决策上花费大量时间。

即使下定了决心,他们也常常会感到迷茫,怀疑"是否还有更好的选择"。这时，他们很有可能为此重新开始收集信息。由于不懈寻求最佳选择，他们可能因考虑过多而难以决断，以及难以快速应对。此外，其中也有不少人因为过于追求决策的完美而陷入焦虑情绪，担心自己做出了错误的选择。我在工作方面就是"利益最大化"型，但在个人生活中往往会"知足者常乐"。

相比之下，"知足者常乐"型的人（又称"满足者"）在决策过程中优先考虑的是简便和高效。换言之，一旦他们找到了能在一定程度上满足其需求的选项，就会停止收集信息，并依靠直觉或某种程度上的"随机"来做选择。一旦做出决定，他们很少犹豫。此外，他们也不会在做决策上花费过多的时间，一般来说很快就能下决定。他们满足于比较舒适的、现实的选择，"不求最好，只求基本"。

类型3："乐观向前"还是"厌恶后悔"

假设你最喜欢的餐厅旁边新开了一家餐厅。这家新餐厅的价格相对偏高，但菜单看起来都很美味。现在你会——

（1）"看起来肯定不错！赶快尝尝看。"

（2）"不想把钱花在有可能不好吃的东西上，还是去平时喜欢的那家餐厅吧。"

如果你选了 1，那么你可能有较强的"乐观偏差"。这类型的人有一种相信事情会进展顺利的强烈倾向，并且认为自己的未来会比普通人的平均水平更好，比统计数据更好。

因此，他们经常会做出过于乐观的计划和决策。因为乐观，所以他们也可能在遇到商业机会时冒更大的风险。他们倾向于相信事情会成功，所以对挫折的承受力更强。

如果你选了 2，那么你可能有较强的"后悔厌恶偏差"。这类型的人倾向于避免做出可能会让自己后悔的决定，即使潜在的利益大于他们所投入的成本。

换言之，虽然可能有机会发现一家比现在最喜欢的餐厅更好的餐厅，但他们不想因为做出新的尝试而失望，所以会倾向于做出风险更低的决策。因为他们把"避免后悔"看得比"成功的可能性"更重要，所以常常会做出过于谨慎和保守的决定，从而错失良机或无法实现目标。

上述三种不同的类型一直是学术研究的一大课题，可以帮助我们更好地了解自己和他人。当然，这并不是行为经济学的全部，现实中的人要复杂得多。正因为复杂，所以我们需要掌握这三种类型来了解人类。

"可持续性"与行为经济学

如何用"助推理论"来提高酒店毛巾的重复利用率

解决全球变暖等环境问题对于建设可持续社会至关重要。该如何改变人们的行为呢？行为经济学已经开始行动。

例如鼓励客人在入住酒店时重复使用酒店的毛巾，而非要求每天更换。这样一种小小的助推，就可以节约水资源，减少环境污染。那么，我们要怎样说才能影响客人的决策，鼓励他们采取有利于环保的行为呢？

接下来，我们一起来看加州大学洛杉矶分校诺亚·戈尔茨坦等人开展的一项实验。他们在实验中给出了以下三条鼓励话术。

- 第一条：携手合作，一起保护环境！
——致亲爱的诸位顾客。您可以在入住期间重复使用同一条毛巾，以表示对自然的敬意和保护环境的决心。

- 第二条：加入我们，一起保护环境！

  ——致亲爱的诸位顾客。2003年秋的一项调查显示，约有75%的顾客加入了我们的环保计划，在入住期间重复使用了毛巾。我们诚挚地邀请您也重复使用毛巾，一起来保护环境！

- 第三条：加入我们，一起保护环境！

  ——致亲爱的诸位顾客。2003年秋的一项调查显示，入住您所在的##号房的顾客中有75%的顾客重复使用毛巾，加入了我们保护环境的行列。我们诚挚地邀请您也重复使用毛巾，一起来保护环境！

可以看出，第一条是单纯呼吁，并没有透露其他顾客的相关数据。第二条则在明确"约有75%的顾客在入住期间重复使用了毛巾"的基础上，又增加了"邀请您加入"的相关内容。此外，第三条则进一步详细说明了"同伴"的信息，明确"同伴"是"曾经住过这间房的顾客"。

此外，其实还有第四条和第五条。第四条在第二条的基础上稍做改动，将顾客称为"市民"。第五条则加入了男女分别重复使用毛巾的比例数据。

那么，哪一条效果更好呢？

效果最差的是没有透露其他顾客相关数据的第一条，毛巾重复使用率为37.2%。相比之下，明确了数据信息的第二条效果更好，毛巾重复使用率为44%。此外，将顾客称为"市民"的第四条和加入了男女分别重复使用毛巾的比例数据的第五条，与第二条的毛巾重复使用率几乎持平。

这三条（第二条、第四条、第五条）之所以会比第一条有效，是因为这三条提供了其他顾客的相关数据，让重复使用毛巾的行为像是一种社会规范。换言之，这些话语暗示你周围其他人的行为就是这种情况下的行为标杆，使得"一起来保护环境"的号召更加有效。

同样有这种"社会规范"暗示的第三条最有效，毛巾重复使用率达到了49.3%。这一条并不单单只是说"很多人都在重复使用毛巾"，而是具体到"入住您所在的这个房间的人"，指出了"是你这样的人"都在重复使用，所以效果更好。

正如上述实验所示，如果系统地引入行为经济学，哪怕只是文字措辞上的一个小改动都能既有利于可持续发展，又有利于节约成本，可谓能带来相当客观的积极影响。这也许正是行为经济学在全球受到追捧的原因之一。

有一些案例研究表明，这种"小改动"不仅可以用于促进毛巾的重复使用，还可以用于促进使用可再生能源。前文中曾提到过，你在新闻网站上注册的时候会遇到"勾选框"。下述的案例研究也同样利用了这种"默认效应"。

德国能源公司与"默认效应"

德国有一家全国性的能源公司使用两种默认值进行了实验。实验对象是 41 952 户新签订合约的家庭，他们在访问官网并决定是否使用可再生能源时被划分为了以下两组，每组看到的默认值不同。

- 第一组："使用可再生能源"的勾选框默认不勾选。
- 第二组："使用可再生能源"的勾选框默认勾选。

换言之，如果用户自己不做其他操作，第一组的用户就不会签订使用可再生能源的相关条约，而第二组的用户就会签订。

受"默认效应"影响，第二组中选择"使用可再生能源"的人数以压倒性优势胜出，其人数几乎是第一组的十倍之多。

如何用行为经济学省下相当于 44 万场世界杯球赛的电量

本节中，我们来看看美国 OPower 公司对行为经济学的运用。该公司成立于加利福尼亚州，主要提供节能服务。OPower 创设了序言中所提到的 CBO 职位，并在其 CBO 约翰·巴尔兹的领导下将社会规范理论应用于自身的业务之中。该公司会向客户公开家庭能源报告（Home Energy Report，HER），提供其家庭与所在地区同类家庭能源使用情况的对比信息，以此促进节能。

"你家使用了多少能源？"

该公司会对各个家庭进行评估，将所有家庭分为三个等级，分别用不同的表情符号来标记。这三个等级分别是："优秀，远低于平均水平"（满面笑容的笑脸）、"良好，接近平均水平"（带温和微笑的笑脸）、"高于平均水平"（无甚表情的颜文字）。此外，还会强调"最节能的邻居"。这份报告可以将"提高能源使用效率"立为社会规范，减少人们的能源使用量。

该报告在开始发布的头两年就累计节省了 20 亿美元。自 2007 年以来，该报告已经影响了全美 1700 万个家庭，累计节省了 110 亿千瓦电力。如果你不太知道 110 亿千瓦这个数字的具体规模，那你可以想象一下——10 亿千瓦就相当于一个体育场举办 4 万场世界杯足球赛的用电量。如此一来，你应该就能明白这个数字的惊人程度。

这种方式清晰地显示了自家和其他家庭的用电信息，并为每个家庭提供了个性化信息。可以说，实实在在地证明了"社会规范"促进节能行为的力量。这一举措一直持续至今，是行为经济学在可持续发展方面发挥作用的一个范例。

到目前为止，我们已经通过三个案例研究了解了行为经济学在可持续发展和节能方面的应用。

谈论社会问题的能力是商界人士的必备素养，我希望大家可以借此来思考如何将行为经济学应用于可持续发展以外的社会问题领域。

"DEI"战略与行为经济学

正如前文所述,人类有"认知习惯",所以会有很多偏见。人类之所以能够高效地认知和解读信息,做出决策并付诸行动,需要归功于"系统1"的能力。这种能力是生存所必需的,也是非理性的人类的本质所在。然而,基于"系统1"的个体微观决策会不断累积,发展成如"DEI"一般的宏观社会问题。

实行"DEI"战略从了解认知习惯开始

所谓的"DEI"是多样性(Diversity)、公平性(Equity)、包容性(Inclusion)三个词的首字母缩写。如何实现这一目标?现如今,日本的有关讨论正热火朝天。特别是,日本的性别差距指数排名较低,在146个国家中仅排第116位。因此,本小节将着重讨论当前日本最热的话题——女性的"DEI"。

"DEI"也是现如今美国的一大新领域,非常受人关注。我在撰写本书期间，也曾受邀参加有近百位 CEO 的会议，从行为经济学角度就这一领域发表了主旨演讲。

相较过去，当前美国大部分公司的管理层中女性比例有所上升。越来越多的公司中，女性正在大显身手。邀请我前去做主旨演讲的那个行业协会中的会员企业也是如此。可这些企业还是面临一大问题——虽然女性员工的人数有所增加，但公司内中年白人男性主导职场的现状仍未得到改善。换言之，虽然多样性的发展得到了提升，但包容性的问题仍然难以改善。

在主旨演讲前我也参加了一个讨论会，管理层的很多男性都表示："我们也想积极推动'DEI'发展，但不知如何去做。"

正因如此，我们可以从行为经济学的角度来理解和解决这个问题。

正如前文所述，人们有各种各样的偏见，这些偏见阻碍了"DEI"的发展。

其中我们尤为需要注意的是"默认效应"。至今一直在白人男性主导下的组织中，"以白人男性为中心"已经成为一种默认设置。此外，因为"现状偏差"的作用，人们很难去更改这种默认设置。在这种情况下，我们首先就需要用批判性思维来认识"默认效应"造成的偏见。

这应该很容易理解吧？但如果想要真正提高包容性，就必须从根本上有意识地对所有事情进行反思。但由于"系统1"的作用，要想改变并非易事。因此，即使是一件小事，我们也应深入内心进行反思："虽然我们这样做已经很久了，但为什么会这样做呢？这真的是最好的选择吗？"我们要勇于挑战自我，改变"常态"。

如果由此得出"当前情况可能并非最佳"的结论，下一步就需要设法避免"锚定效应"。换言之，如果你只想"如何才能稍微改善目前的状况"，就会把锚定在"当前状况"上，最终就无法取得太大改善。

我们在序章中讨论过将纸质签名改为电子签名时的情况，很多时候我们可能只关注到了缺点。在这种情况下，如果从根本上进行彻底改变，转为"以女性为中心"，就能提出更多创新想法。

在方才提到的主旨演讲中，我问了其他人一个问题，以求在场的诸位集思广益——"如果我们从女性的角度出发，为女性规划、管理这类的高管集会，而非仅仅只是'改善现状'，大家认为会发生什么?"

当然,这并不是要我们将所有想法都付诸实践,我们只是需要从头开始思考,去发现此前未曾见过的新领域和新的解决方案,为今后考虑各种方案时提供参考。

在此,我想简单阐述一下我个人的观点。在体验了日本和美国两种文化后,我认为日本文化中的"默认效应"更为显著,所以"从头开始思考"应该会很有效。

"真相错觉效应"对改变一直持续至今的文化也有影响。打个比方,如果你总是听新闻或同事说"女性怎么怎么样",那么即便你并不相信这些言论,也会逐渐习惯这种说法,最后产生"这应该是真的"的错觉。

此外,一类观念如果被人们所熟知,就会成为一种"社会规范",并影响许多人。例如,美国就有一种"女性几乎不在会议上发言"的观念。虽然"DEI"在美国不断推进,但数据显示,你可能还是会看到"许多公司存在一个涉及复杂因素的严重问题"的相关文章。

我在美国工作时,无论是男是女,领导力都很重要。甚至有人认为,不能清楚地表达自己意见的人来参加会议没有任何意义。我曾在这种环境下工作过，但我个人并不认同这种观念。可事实上，最近我才意识到，我在工作中不自觉地受到了这种观念的影响。在这种情况下，要改变自己无意识的偏见，需要彻底的自我意识变革和大量努力。

因此，为了避免这种"因为听得多了，所以哪怕本来不相信也会受其影响"的"真相错觉效应"，创造一种良好的"规范"，我会跳出原有的信息茧房，有意识地尽量多看一些能启发我的信息。

"我们首先要知道，人类本身就有这种'认知习惯'。我们不要去区分其好坏，而是先从知道这个事实开始。"

在发表演讲时，我如是说道。在我们思考如何改善现状之前，我们必须了解事情为什么会这样，理解人类的决策和行为。

"正因为是我的儿子，所以我不能给他动手术"

一名男子带着儿子赶到医院，他的儿子需要进行紧急手术。值班医生迅速赶到现场，可一看到男孩的脸就惊呼出声。

"是我的儿子，我不能给他动手术。"

面对这种情况，你会有违和感吗？如果有，那你应该有"性别偏见"。

你的违和感可能来源于此——带男孩过来的是他的父亲，但值班医生也说"是我的儿子"。你会对此感觉不自然，因为你在潜意识中就对医生分了类，认为"医生＝男性"。

现在你应该反应过来了，值班医生是患者的母亲（当然，也有可能是另一位父亲）。

近期，日本有一所私立大学医学院因被发现优先录取男性而备受指责。

那些才能出众又勤奋刻苦的人为的就是成为一名优秀的医生，可她们仅仅因为自己是"女性"，就失去了成为医生的机会。现如今医护人员短缺，这种行为真是"暴殄天物"。

当然，医疗行业之外也有类似的"分类"。有人明明具有敏锐的商业头脑和杰出的领导才能，可就因为她是"女性"所以很难被委以重任。同样，在儿童保育支持不景气的情况下，有人明明喜欢孩子并对儿童早教抱有强烈的责任感，可就因为他是"男性"保育员，所以难以得到他人的信任。

从"情绪"的相关理论来看，这种"分类"不仅会让人们失去获得宝贵工作经验的机会，也使他们很难展示自己的天赋能力。如果别人相信"你能行"，你往往才会成长得更快。反之，如果你感到"因为我是某类人，所以大家不认为我会做到"，你的积极性就会大大降低，最终走向遗憾的结局。

为了能够与世界各地崛起的创新型企业竞争，日本每一个人的所有能力都应得到有效利用，而不应被这样"分类"。

当前，日本劳动力短缺，经济陷入低迷。这种个人偏见的叠加甚至会导致人才"丧失能力"，实在是"暴殄天物"。相反，如果公司能够不带偏见地聘用和培训各类人才，就能吸引许多原本被忽视的优秀人才前来加盟。

电影的主人公为什么会发生变化

音乐界的工作也和医生、教授一样，一般以男性为主导。而一个美国交响乐团就曾对缺少女性演奏家感到担忧。虽然乐团的评审声称"我们没有性别歧视"，但这恰恰表明这种"分类"偏见是无意识的。

因此，我们决定从行为经济学的角度来改变这种"环境"。

在面试演奏者时，我们要求他们放下帷幕进行演奏。换言之，无论是小提琴家还是大提琴家，评审都看不到他们的模样，只凭聆听来进行选拔。结果显示，乐团中的女性人数从1970年的不足5%上升到了1997年的25%。这证明，性别偏见不是一种根据能力来做判断的合理倾向。

减少这种"分类"倾向的另一种方法是美国的"代表事项"（Representation Matters），也是一大热议话题。比如在电影中选用黑人、亚裔或西班牙裔儿童演员作为主角，可以消除"英雄＝白人"的刻板印象。同时，黑人、亚裔、西班牙裔及其他人种的儿童和青少年会觉得"像自己一样的人成了英雄"。此外，美国也有一些节目在介绍社会上的杰出研究人员和工程师时，有意识地将重点放在女性上。

除娱乐行业外，其他行业的公司也可以通过增加女性职员和高管的人数来减少"高管就应该是男性"的"分类"倾向。这种倾向针对女性，同样也针对男性。此外，行业还可以进行"结构性偏见变革"，例如在员工招聘网站上更积极地任用女性和性别少数群体。

在撰写本书期间，我看到有新闻报道称东京大学将对教授的任期采取配额制，并将女性教授的比例提高至25%。虽然也有人批评这一举措"流于形式"，但它可能会有效减少"教授＝男性"的"分类"倾向。从更广阔的视野来看，这也会减少"研究人员＝男性"和"职业导向＝男性"的"分类"倾向。

"代表事项"对"DEI"的重要意义并不止于减少"分类"倾向的层面上。在介绍"拓展－构建理论"时我们曾说，大家看到"像自己一样的人成了英雄"时，自己的动力会有所上升、会产生积极情绪，能力、活力和积极性都会提高。另外一点则涉及风险理论。换言之，我们应该都能明白人类有一种认为"不熟悉＝高风险"的思维倾向。打个比方，公司新来了一名女员工，她此前从来没见过有哪个重要项目是由女性来领导并负责的。因此，她就会下意识地认为"像我这样的人如果去主持重要会议有很大风险"。这样一来，她就会在机会来临时犹豫不决。即使应下了，也还是会有负面情绪，以及产生不必要的焦虑。

因此，行为经济学可以为我们提供指导，帮助我们理解人类非理性的"认知习惯"，以及我们作为个人、公司的成员或社会整体的一部分都分别可以做些什么。

为了认识到这些偏见是无意识的，并进一步推进"DEI"的发展，美国很多公司在收取简历时会要求简历上不附带应聘者照片，还有很多相关意识很强的公司在书面审查时会隐去姓名和年龄。因为人们常常可以通过姓名来确定一个人的性别，且美国有很多人在取名时会无意识地受到其原籍国、宗教信仰等根源因素的影响。

虽然种族和性别可以在初步筛选和面试后确定，但我们至少可以在初步筛选阶段消除甄选过程中的偏见。我们有一个客户是一家保险公司的CEO，他表示自己所在的公司使用这种方法后减少了招聘过程中的"走后门"现象，这可以帮助他们招聘到优秀人才。

我相信，你已经通过这本书了解到了人类会受到"认知习惯""环境"和"感情"的影响，并因此做出非理性决策。然而，这些都是人类的特质，不可能也没有必要完全将它们消除。重要的是正确认识它们，并将它们充分运用在正确的地方。

既然我们具备"系统2"，那就可以做到扪心自问。本书介绍的行为经济学知识应该已经教会了你如何自我提问、自我反思。

通过这种方式，你可以"轻推"（轻轻戳一下）自己、周围的人乃至这个世界，使其朝着积极的方向发展。我希望本书能帮助更多人做到这一点。

SUMMARY

小　结

- "调节定向理论"是了解自我和他人所不可或缺的行为经济学理论，可以帮助人们确定自己是"促进定向"还是"预防定向"。了解自己是"促进定向"还是"预防定向"，会有助于探究自己的决策和行为倾向。
- 你还可以通过确定自己是"利益最大化"还是"知足者常乐"来判断自己的决策和行为倾向。追求"利益最大化"的人会耗费大量时间进行深入研究，而"知足者常乐"的人认为70分就已足够。
- "乐观偏差"和"后悔厌恶偏差"也揭示了决策和行为的倾向。前者持乐观态度，相信"一切最终都会顺利圆满"。而后者则有强烈的避免后悔的愿望，倾向于推迟决策，做出保守的选择。
- 行为经济学在可持续发展方面也有广泛应用。
- 实行"DEI"战略从了解认知习惯开始。从行为经济学的角度出发可以解决很多问题。

后　　记

　　童年时期，由于经常搬家和转学，我有机会接触到许多不同的人和文化。在这种情况下，我亲身体验到了文化差异会如何影响人们的"思维方式"，以及同一个人如何因文化和"环境"的不同而产生不同的想法、做出不同的行为。尽管当时的我还没有听说过"行为经济学"这个词，却因此对心理学产生了兴趣。

　　因为想前往心理学发达的美国进修，我于18岁时离开了日本。遗憾的是，从那时起，我再也没有机会从事与日本相关的工作了。所以，当一家日本出版社突然邀请我写一本书时，我感到非常惊讶。我从未用日语谈论过行为经济学，这二十多年来一直只用英语进行研究和工作。这样看来，我想自己应该没法用日语写好一本书。基于这种想法，起初我是打算拒绝的。

　　然而，我只身前往美国时所面临的一切都是未知的，一切事物对我来说都是"第一次"。起初，我的英语水平并不高，不得不一边翻阅词典一边大量阅读。我曾为了读一页资料花费了整整一个小时，那时真是欲哭无泪。作为一个外国人，我在工作中也常常遭遇挑战，常常不知所措。但在周围人的支持下，我顺利完成了博士学业，在美国创办了自己的公司，并勉强当上了老板，一直坚持至今。

回想过往，我也开始思考：是否有些书只能由一个在日本长大，又在美国学习行为经济学、从事行为经济学相关工作的日本人来撰写呢？因此我下定决心，想要为日本的行为经济学传播尽一份绵薄之力，最终在很多人的支持下我撰写了本书。

感谢我的编辑给予我如此宝贵的机会。尽管我在日本没有什么社会经验，但他鼓励我说："我们可以写一本只有相良老师才能写出的书。"我糟糕的日语水平肯定给他带来了许多麻烦，但他总是以积极的面貌给予我最大的支持。

我要感谢伊芙琳·尤（Evelyn Yau）。他是我的得力助手，从我创业以来一直支持我。他虽然不懂日语，但利用网上的翻译网页帮助我进行了许多案头研究。我要感谢加藤清也先生，他曾在美国学习行为经济学，如今在日本公司工作。他独特的经历帮助我写出了一本日本人会喜欢读的书。

我要感谢我在日本的父母和其他所有家人，他们一直支持我的随心所欲。我之所以能写出这样的作品，正是因为家人们一直在远方默默地关注和支持我。

我要感谢我的丈夫，是他给了我巨大的帮助，让我有大量的时间来写作。感谢他一直无条件地支持和鼓励我。我要感谢我的办公室伙伴尼基，我的这只小狗总是在我工作时在我身边安静地小憩。

最后，我要感谢所有读到这里的读者。我希望这本书能让你对世界有一些不同的看法，也希望这本书能成为我与诸位进行更多交流的契机。

参 考 文 献

序 章

1. Denes-Raj, V., & Epstein, S. (1994). Conflict between intuitive and rational processing: when people behave against their better judgment. *Journal of personality and social psychology, 66*(5), 819.
2. Kahneman, D., & Tversky, A. (1979). Prospect theory: An analysis of decision under risk. Econometrica, 47(2), 363-391.
3. Kahneman, D. (1991). Article commentary: Judgment and decision making: A personal view. *Psychological science, 2*(3), 142-145.
4. Shiller, R. J. (2015). Irrational exuberance. Princeton university press.
5. Smith, A. (1776). *An inquiry into the nature and causes of the wealth of nations.*
6. Smith, A. (1759). *The theory of moral sentiments.*
7. Thaler, R. H., & Benartzi, S. (2004). Save more tomorrow™: Using behavioral economics to increase employee saving. *Journal of political Economy, 112*(S1), *S164-S187.*
8. King, B. (2022, January 13). *Those who married once more likely than others to have retirement savings.* Census.gov.
9. Nickerson, D. W., & Rogers, T. (2010). Do you have a voting plan? Implementation intentions, voter turnout, and organic plan making. *Psychological Science, 21*(2), 194-199.
10. Nickerson, D. W., & Rogers, T. (2014). Political campaigns and big data. *Journal of Economic Perspectives, 28*(2), 51-74.
11. Ghose, S. (2021, January 21). *Behavioral economics: The Entrepreneur's best friend?.* UC Berkeley Sutardja Center for Entrepreneurship & Technology.
12. Shah, A. K., & Oppenheimer, D. M. (2008). Heuristics made easy: an effort-reduction framework. Psychological bulletin, 134(2), 207.
13. Gigerenzer, G. (2008). Why heuristics work. Perspectives on psychological science, 3(1), 20-29.
14. Shiv, B., & Fedorikhin, A. (1999). Heart and mind in conflict: The interplay of affect and cognition in consumer decision making. *Journal of consumer Research, 26*(3), 278-292.
15. Kahneman, D. (2011). *Thinking, fast and slow.* macmillan.
16. Thaler, R. H., Sunstein, C. R., & Balz, J. P. (2013). Choice architecture. *The*

behavioral foundations of public policy, 25, 428-439.
17 Johnson, E. J., Shu, S. B., Dellaert, B. G., Fox, C., Goldstein, D. G., Häubl, G., ... & Weber, E. U. (2012). Beyond nudges: Tools of a choice architecture. *Marketing letters, 23,* 487-504.
18 Thaler, R. H., & Sunstein, C. R. (2009). *Nudge: Improving decisions about health, wealth, and happiness.* Penguin.

第 1 章

19 Frederick, S. (2005). Cognitive reflection and decision making. *Journal of Economic perspectives, 19*(4), 25-42.
20 Kahneman, D. (2011). *Thinking, fast and slow.* macmillan.
21 Tversky, A., & Kahneman, D. (1974). Judgment under Uncertainty: Heuristics and Biases: Biases in judgments reveal some heuristics of thinking under uncertainty. *science, 185*(4157), 1124-1131.
22 Simon, H. A. (1971). Designing organizations for an information-rich world. *Computers, communications, and the public interest, 72,* 37.
23 Arkes, H. R., & Blumer, C. (1985), The psychology of sunk costs. *Organizational Behavior and Human Decision Processes, 35,* 124-140.
24 Rosenthal, R., & Jacobson, L. (1968). Pygmalion in the classroom. *The urban review, 3*(1), 16-20.
25 Gilovich, T., Vallone, R., & Tversky, A. (1985). The hot hand in basketball: On the misperception of random sequences. *Cognitive psychology, 17*(3), 295-314.
26 Berger, J., & Fitzsimons, G. (2008). Dogs on the street, pumas on your feet: How cues in the environment influence product evaluation and choice. Journal of marketing research, 45(1), 1-14.
27 Strom, S. (2013, September 26). *With tastes growing healthier, McDonald's aims to adapt its menu.* The New York Times.
28 Jargon, J. (2017, March 1). *McDonald's decides to embrace fast-food identity.* The Wall Street Journal.
29 Oswald, M. E., & Grosjean, S. (2004). Confirmation bias. *Cognitive illusions: A handbook on fallacies and biases in thinking, judgement and memory, 79.*
30 Wason, P. C. (1960). On the failure to eliminate hypotheses in a conceptual task. *Quarterly Journal of Experimental Psychology, 12*(3), 129-140.
31 Bock, L. (2015). *Work rules!: Insights from inside Google that will transform how you live and lead.* Twelve.
32 Thorndike, E. L. (1920). A constant error in psychological ratings. *Journal of applied psychology, 4*(1), 25-29.
33 Hasher, L., Goldstein, D., & Toppino, T. (1977). Frequency and the

conference of referential validity. *Journal of verbal learning and verbal behavior, 16*(1), 107-112.

34 Brashier, N. M., Eliseev, E. D., & Marsh, E. J. (2020). An initial accuracy focus prevents illusory truth. *Cognition, 194,* 104054.

35 Freedman, J. L., & Fraser, S. C. (1966). Compliance without pressure: the foot-in-the-door technique. *Journal of personality and social psychology, 4*(2), 195.

36 Bazerman, M. H., Curhan, J. R., Moore, D. A., & Valley, K. L. (2000). Negotiation. *Annual review of psychology, 51*(1), 279-314.

37 Tversky, A., & Kahneman, D. (1981). The framing of decisions and the psychology of choice. *science, 211*(4481), 453-458.

38 Hogarth, R. M. (1987). *Judgement and choice: The psychology of decision.* John Wiley & Sons.

39 Thaler, R. (1985). Mental accounting and consumer choice. *Marketing science, 4*(3), 199-214.

40 Nordgren, L. F., Harreveld, F. V., & Pligt, J. V. D. (2009). The restraint bias: How the illusion of self-restraint promotes impulsive behavior. *Psychological science, 20*(12), 1523-1528.

41 Lakoff, G., & Johnson, M. (1980). Conceptual metaphor in everyday language. *The journal of Philosophy, 77*(8), 453-486.

42 Lakoff, G., Johnson, M., & Sowa, J. F. (1999). Review of Philosophy in the Flesh: The embodied mind and its challenge to Western thought. *Computational Linguistics, 25*(4), 631-634.

43 Laird, J. D. (1974). Self-attribution of emotion: the effects of expressive behavior on the quality of emotional experience. *Journal of personality and social psychology, 29*(4), 475.

44 Williams, L. E., & Bargh, J. A. (2008). Experiencing physical warmth promotes interpersonal warmth. *Science, 322*(5901), 606-607.

45 Peracchio, L. A., & Meyers-Levy, J. (2005). Using stylistic properties of ad pictures to communicate with consumers. *Journal of Consumer Research, 32*(1), 29-40.

46 Meyers-Levy, J., & Peracchio, L. A. (1992). Getting an angle in advertising: The effect of camera angle on product evaluations. *Journal of marketing research, 29*(4), 454-461.

47 Van Rompay, T. J., & Pruyn, A. T. (2011). When visual product features speak the same language: Effects of shape‐typeface congruence on brand perception and price expectations. *Journal of product innovation management, 28*(4), 599-610.

48 Sundar, A., & Noseworthy, T. J. (2014). Place the logo high or low? Using conceptual metaphors of power in packaging design. *Journal of*

Marketing, 78(5), 138-151.
49 Frederick, S., Loewenstein, G., & O'donoghue, T. (2002). Time discounting and time preference: A critical review. *Journal of economic literature, 40*(2), 351-401.
50 Laibson, D. (1997). Golden eggs and hyperbolic discounting. *The Quarterly Journal of Economics, 112*(2), 443-478.
51 Olivola, C. Y., & Sagara, N. (2009). Distributions of observed death tolls govern sensitivity to human fatalities. *Proceedings of the National Academy of Sciences, 106*(52), 22151-22156.
52 Liberman, N., Trope, Y., & Wakslak, C. (2007). Construal level theory and consumer behavior. *Journal of consumer psychology, 17*(2), 113-117.
53 Trope, Y., & Liberman, N. (2010). Construal-level theory of psychological distance. *Psychological review, 117*(2), 440.
54 Buehler, R., Griffin, D., & Ross, M. (1994). Exploring the "planning fallacy": Why people underestimate their task completion times. *Journal of personality and social psychology, 67*(3), 366.
55 Sharot, T. (2011). The optimism bias. *Current biology, 21*(23), R941-R945.
56 Brickman, P., Coates, D., & Janoff-Bulman, R. (1978). Lottery winners and accident victims: Is happiness relative?. *Journal of personality and social psychology, 36*(8), 917.
57 Diener, E., Lucas, R. E., & Scollon, C. N. (2009). Beyond the hedonic treadmill: Revising the adaptation theory of well-being. *The science of well-being: The collected works of Ed Diener*, 103-118.
58 Yeung, C. W., & Soman, D. (2007). The duration heuristic. *Journal of Consumer Research, 34*(3), 315-326.

第 2 章

59 Sahakian, B., & LaBuzetta, J. N. (2013). *Bad Moves: How decision making goes wrong, and the ethics of smart drugs*. OUP Oxford.
60 Muller-Lyer, F. C. (1889). Optische urteilstauschungen. *Archiv fur Anatomie und Physiologie, Physiologische Abteilung, 2*, 263-270.
61 Bruner, J. S., & Minturn, A. L. (1955). Perceptual identification and perceptual organization. *The Journal of General Psychology, 53*(1), 21-28.
62 Clinedinst, M. (2019). 2019 State of College Admission. *National Association for College Admission Counseling*.
63 Simonsohn, U. (2010). Weather to go to college. *The Economic Journal, 120*(543), 270-280.
64 Simonsohn, U. (2007). Clouds make nerds look good: Field evidence of the impact of incidental factors on decision making. *Journal of Behavioral Decision Making, 20*(2), 143-152.

65 Ebbinghaus, H. (2013). Memory: A contribution to experimental psychology. *Annals of neurosciences, 20*(4), 155.
66 Murdock Jr., B. B. (1962). The serial position effect of free recall. *Journal of experimental psychology, 64*(5), 482.
67 Asch, S. E. (1946). Forming impressions of personality. *The Journal of Abnormal and Social Psychology, 41*(3), 258.
68 Glanzer, M., & Cunitz, A. R. (1966). Two storage mechanisms in free recall. *Journal of verbal learning and verbal behavior, 5*(4), 351-360.
69 Mantonakis, A., Rodero, P., Lesschaeve, I., & Hastie, R. (2009). Order in choice: Effects of serial position on preferences. *Psychological Science, 20*(11), 1309-1312.
70 Argo, J. J., Dahl, D. W., & Manchanda, R. V. (2005). The influence of a mere social presence in a retail context. *Journal of consumer research, 32*(2), 207-212.
71 Deci, E. L. (1971). Effects of externally mediated rewards on intrinsic motivation. *Journal of personality and Social Psychology, 18*(1), 105.
72 Deci, E. L., Koestner, R., & Ryan, R. M. (1999). A meta-analytic review of experiments examining the effects of extrinsic rewards on intrinsic motivation. *Psychological bulletin, 125*(6), 627.
73 Frey, B. S., & Jegen, R. (2001). Motivation crowding theory. *Journal of economic surveys, 15*(5), 589-611.
74 Lepper, M. R., Greene, D., & Nisbett, R. E. (1973). Undermining children's intrinsic interest with extrinsic reward: A test of the "overjustification" hypothesis. *Journal of Personality and social Psychology, 28*(1), 129.
75 Spira, J. B., & Burke, C. (2009). *Intel's War on Information Overload: A Case Study.* New York, Basex.
76 Hemp, P. (2009). Death by information overload. *Harvard business review, 87*(9), 82-9.
77 Iqbal, S. T., & Horvitz, E. (2007, April). Disruption and recovery of computing tasks: field study, analysis, and directions. In *Proceedings of the SIGCHI conference on Human factors in computing systems* (pp. 677-686).
78 Edmunds, A., & Morris, A. (2000). The problem of information overload in business organisations: a review of the literature. *International journal of information management, 20*(1), 17-28.
79 Speier, C., Valacich, J. S., & Vessey, I. (1999). The influence of task interruption on individual decision making: An information overload perspective. *Decision sciences, 30*(2), 337-360.
80 Mark, G., Gudith, D., & Klocke, U. (2008, April). The cost of interrupted work: more speed and stress. In *Proceedings of the SIGCHI conference*

on Human Factors in Computing Systems (pp. 107-110).
81   CGMA. (2016, February). *Joining the Dots: Decision Making for a New Era.*
82   Bawden, D., & Robinson, L. (2009). The dark side of information: overload, anxiety and other paradoxes and pathologies. *Journal of information science, 35*(2), 180-191.
83   Farhoomand, A. F., & Drury, D. H. (2002). Managerial information overload. *Communications of the ACM.*
84   Przybylski, A. K., Murayama, K., DeHaan, C. R., & Gladwell, V. (2013). Motivational, emotional, and behavioral correlates of fear of missing out. *Computers in human behavior, 29*(4), 1841-1848.
85   Herman, D. (2000). Introducing short-term brands: A new branding tool for a new consumer reality. *Journal of Brand Management, 7*(5), 330-340.
86   Reutskaja, E., Cheek, N. N., Iyengar, S., & Schwartz, B. (2022). Choice Deprivation, Choice Overload, and Satisfaction with Choices Across Six Nations. *Journal of International Marketing, 30*(3), 18-34.
87   Juran, J. M., & De Feo, J. A. (2010). *Juran's quality handbook: the complete guide to performance excellence.* McGraw-Hill Education.
88   Lynch Jr., J. G., & Ariely, D. (2000). Wine online: Search costs affect competition on price, quality, and distribution. *Marketing science, 19*(1), 83-103.
89   Shah, A. M., & Wolford, G. (2007). Buying behavior as a function of parametric variation of number of choices. *PSYCHOLOGICAL SCIENCE-CAMBRIDGE-, 18*(5), 369.
90   Iyengar, S. S., & Lepper, M. R. (2000). When choice is demotivating: Can one desire too much of a good thing?. *Journal of personality and social psychology, 79*(6), 995.
91   Lewis, M. (2012, September 11). *Obama's way.* Vanity Fair.
92   Cable News Network. (2015, October 9). *This is why geniuses always wear the same outfit...* CNN.
93   Bloem, C. (2018, March 1). *Successful people like Barack Obama and Mark Zuckerberg wear the same thing every day - and it's not a coincidence.* Business Insider.
94   Chartrand, T. L., & Bargh, J. A. (1999). The chameleon effect: The perception–behavior link and social interaction. *Journal of personality and social psychology, 76*(6), 893.
95   Murphy, S. T., & Zajonc, R. B. (1993). Affect, cognition, and awareness: affective priming with optimal and suboptimal stimulus exposures. *Journal of personality and social psychology, 64*(5), 723.
96   Mandel, N., & Johnson, E. J. (2002). When web pages influence choice:

Effects of visual primes on experts and novices. *Journal of consumer research, 29*(2), 235-245.
97   North, A. C., Hargreaves, D. J., & McKendrick, J. (1999). The influence of in-store music on wine selections. *Journal of Applied psychology, 84*(2), 271.
98   Areni, C. S., & Kim, D. (1993). The influence of background music on shopping behavior: classical versus top-forty music in a wine store. *ACR North American Advances.*
99   Simonson, I. (1993). Get closer to your customers by understanding how they make choices. *California Management Review, 35*(4), 68-84.
100 Hsee, C. K. (1996). The evaluability hypothesis: An explanation for preference reversals between joint and separate evaluations of alternatives. *Organizational behavior and human decision processes, 67*(3), 247-257.
101 Hsee, C. K., Loewenstein, G. F., Blount, S., & Bazerman, M. H. (1999). Preference reversals between joint and separate evaluations of options: A review and theoretical analysis. *Psychological bulletin, 125*(5), 576.
102 Johnson, E. J., & Goldstein, D. (2003). Do defaults save lives?. *Science, 302*(5649), 1338-1339.
103 Bergman, O., Ellingsen, T., Johannesson, M., & Svensson, C. (2010). Anchoring and cognitive ability. *Economics Letters, 107*(1), 66-68.
104 Furnham, A., & Boo, H. C. (2011). A literature review of the anchoring effect. *The journal of socio-economics, 40*(1), 35-42.
105 Englich, B., Mussweiler, T., & Strack, F. (2006). Playing dice with criminal sentences: The influence of irrelevant anchors on experts' judicial decision making. *Personality and Social Psychology Bulletin, 32*(2), 188-200.
106 Langer, E., Blank, A., & Chanowitz, B. (1978). The mindlessness of Ostensibly Thoughtful Action: The Role of "Placebic" Information in Interpersonal Interaction. *Journal of Personality and Social Psychology, 36*(6), 635-642.
107 Dixon, M., & Toman, N. (2010, July 13). *How call centers use behavioral economics to sway customers.* Harvard Business Review.
108 Levin, I. P. (1987). Associative effects of information framing. *Bulletin of the psychonomic society, 25*(2), 85-86.
109 Levin, I. P., & Gaeth, G. J. (1988). How consumers are affected by the framing of attribute information before and after consuming the product. *Journal of consumer research, 15*(3), 374-378.
110 Tversky, A., & Kahneman, D. (1981). The framing of decisions and the psychology of choice. *science, 211*(4481), 453-458.
111 Kahneman, D., & Tversky, A. (1979). Prospect theory: An analysis of decision under risk. Econometrica, 47(2), 363-391.

112 Payne, J. W., Sagara, N., Shu, S. B., Appelt, K. C., & Johnson, E. J. (2013). Life expectancy as a constructed belief: Evidence of a live-to or die-by framing effect. *Journal of Risk and Uncertainty, 46*, 27-50.

113 Danziger, S., Levav, J., & Avnaim-Pesso, L. (2011). Extraneous factors in judicial decisions. *Proceedings of the National Academy of Sciences, 108*(17), 6889-6892.

114 Loewenstein, G. (2005). Hot-cold empathy gaps and medical decision making. *Health psychology, 24*(4S), S49.

115 Milkman, K. L., Rogers, T., & Bazerman, M. H. (2010). I'll have the ice cream soon and the vegetables later: A study of online grocery purchases and order lead time. *Marketing Letters, 21*(1), 17-35.

第 3 章

116 Edmans, A., Fernandez-Perez, A., Garel, A., & Indriawan, I. (2022). Music sentiment and stock returns around the world. *Journal of Financial Economics, 145*(2), 234-254.

117 Johnson, E. J., Hershey, J., Meszaros, J., & Kunreuther, H. (1993). Framing, probability distortions, and insurance decisions. *Journal of risk and uncertainty, 7*(1), 35-51.

118 Kahneman, D. (2003). Experiences of collaborative research. *American Psychologist, 58*(9), 723.

119 Slovic, P., Finucane, M. L., Peters, E., & MacGregor, D. G. (2007). The affect heuristic. *European journal of operational research, 177*(3), 1333-1352.

120 Finucane, M. L., Alhakami, A., Slovic, P., & Johnson, S. M. (2000). The affect heuristic in judgments of risks and benefits. *Journal of behavioral decision making, 13*(1), 1-17.

121 Zajonc, R. B. (1980). Feeling and thinking: Preferences need no inferences. *American psychologist, 35*(2), 151.

122 Murphy, S. T., & Zajonc, R. B. (1993). Affect, cognition, and awareness: affective priming with optimal and suboptimal stimulus exposures. *Journal of personality and social psychology, 64*(5), 723.

123 Winkielman, P., & Zajonc & Norbert Schwarz, R. B. (1997). Subliminal affective priming resists attributional interventions. *Cognition & Emotion, 11*(4), 433-465.

124 Clore, G. L. (1992). Cognitive phenomenology: Feelings and the construction of judgment. *The construction of social judgments, 10,* 133-163.

125 Clore, G. L., Gasper, K., & Garvin, E. (2001). Affect as information. *Handbook of affect and social cognition,* 121-144.

126 Schwarz, N., & Clore, G. L. (2003). Mood as information: 20 years later.

Psychological inquiry, 14(3-4), 296-303.
127 Slovic, P. E. (2000). *The perception of risk*. Earthscan publications.
128 Slovic, P., & Peters, E. (2006). Risk perception and affect. *Current directions in psychological science, 15*(6), 322-325.
129 Slovic, P., Monahan, J., & MacGregor, D. G. (2000). Violence risk assessment and risk communication: The effects of using actual cases, providing instruction, and employing probability versus frequency formats. *Law and human behavior, 24,* 271-296.
130 Dickert, S., Sagara, N., & Slovic, P. (2011). Affective motivations to help others. *The science of giving: Experimental approaches to the study of charity*, 161-178.
131 Damasio, A. R. (1996). The somatic marker hypothesis and the possible functions of the prefrontal cortex. Philosophical Transactions of the Royal Society of London. *Series B: Biological Sciences, 351*(1346), 1413-1420.
132 Bechara, A., & Damasio, A. R. (2005). The somatic marker hypothesis: A neural theory of economic decision. *Games and economic behavior, 52*(2), 336-372.
133 Kramer, A. D., Guillory, J. E., & Hancock, J. T. (2014). Experimental evidence of massive-scale emotional contagion through social networks. *Proceedings of the National Academy of Sciences, 111*(24), 8788-8790.
134 Stajkovic, A. D., Latham, G. P., Sergent, K., & Peterson, S. J. (2019). Prime and performance: Can a CEO motivate employees without their awareness?. *Journal of Business and Psychology, 34*(6), 791-802.
135 Fredrickson, B. L. (1998). What good are positive emotions?. *Review of General Psychology, 2*(3), 300-319.
136 Fredrickson, B. L. (2001). The role of positive emotions in positive psychology: The broaden-and-build theory of positive emotions. *American psychologist, 56*(3), 218.
137 Fredrickson, B. L. (2004). The broaden–and–build theory of positive emotions. Philosophical transactions of the royal society of London. *Series B: Biological Sciences, 359*(1449), 1367-1377.
138 Marzilli Ericson, K. M., & Fuster, A. (2014). The endowment effect. *Annu. Rev. Econ., 6*(1), 555-579.
139 Kahneman, D., Knetsch, J. L., & Thaler, R. H. (1991). Anomalies: The endowment effect, loss aversion, and status quo bias. *Journal of Economic perspectives, 5*(1), 193-206.
140 Pierce, J. L., Kostova, T., & Dirks, K. T. (2003). The state of psychological ownership: Integrating and extending a century of research. *Review of general psychology, 7*(1), 84-107.

141 Pierce, J. L., Kostova, T., & Dirks, K. T. (2001). Toward a theory of psychological ownership in organizations. *Academy of management review, 26*(2), 298-310.

142 Jami, A., Kouchaki, M., & Gino, F. (2021). I own, so I help out: How psychological ownership increases prosocial behavior. *Journal of Consumer Research, 47*(5), 698-715.

143 Brasel, S. A., & Gips, J. (2014). Tablets, touchscreens, and touchpads: How varying touch interfaces trigger psychological ownership and endowment. *Journal of Consumer Psychology, 24*(2), 226-233.

144 Van Dyne, L., & Pierce, J. L. (2004). Psychological ownership and feelings of possession: Three field studies predicting employee attitudes and organizational citizenship behavior. *Journal of Organizational Behavior: The International Journal of Industrial, Occupational and Organizational Psychology and Behavior, 25*(4), 439-459.

145 Gross, J. J. (1998). The emerging field of emotion regulation: An integrative review. *Review of general psychology, 2*(3), 271-299.

146 Gross, J. J. (1998). Antecedent-and response-focused emotion regulation: divergent consequences for experience, expression, and physiology. *Journal of personality and social psychology, 74*(1), 224.

147 Lazarus, R. S., & Folkman, S. (1984). *Stress, appraisal, and coping.* Springer publishing company.

148 Clance, P. R., & Imes, S. A. (1978). The imposter phenomenon in high achieving women: Dynamics and therapeutic intervention. *Psychotherapy: Theory, research & practice, 15*(3), 241.

149 Brooks, A. W. (2014). Get excited: reappraising pre-performance anxiety as excitement. *Journal of Experimental Psychology: General, 143*(3), 1144.

150 Schwarz, N., & Clore, G. L. (1983). Mood, misattribution, and judgments of well-being: Informative and directive functions of affective states. *Journal of personality and social psychology, 45*(3), 513.

151 Taylor, S. E., & Lobel, M. (1989). Social comparison activity under threat: downward evaluation and upward contacts. *Psychological review, 96*(4), 569.

152 Shah, A. M., Eisenkraft, N., Bettman, J. R., & Chartrand, T. L. (2016). "Paper or plastic?": How we pay influences post-transaction connection. *Journal of Consumer Research, 42*(5), 688-708.

153 Yang, S. S., Kimes, S. E., & Sessarego, M. M. (2009). $ or dollars: Effects of menu-price formats on restaurant checks.

154 Hull, C. L. (1932). The goal-gradient hypothesis and maze learning. *Psychological review, 39*(1), 25.

155 Kivetz, R., Urminsky, O., & Zheng, Y. (2006). The goal-gradient hypothesis

resurrected: Purchase acceleration, illusionary goal progress, and customer retention. *Journal of marketing research, 43*(1), 39-58.
156 Dunn, E. W., Gilbert, D. T., & Wilson, T. D. (2011). If money doesn't make you happy, then you probably aren't spending it right. *Journal of Consumer Psychology, 21*(2), 115-125.
157 Dunn, E., & Norton, M. (2014). *Happy money: The science of happier spending.* Simon and Schuster.
158 Rick, S. I., Pereira, B., & Burson, K. A. (2014). The benefits of retail therapy: Making purchase decisions reduces residual sadness. *Journal of Consumer Psychology, 24*(3), 373-380.
159 Mills, R. T., & Krantz, D. S. (1979). Information, choice, and reactions to stress: A field experiment in a blood bank with laboratory analogue. *Journal of Personality and Social Psychology, 37*(4), 608.
160 Smith, C. A., & Ellsworth, P. C. (1985). Patterns of cognitive appraisal in emotion. *Journal of personality and social psychology, 48*(4), 813.
161 Cutright, K. M. (2012). The beauty of boundaries: When and why we seek structure in consumption. *Journal of Consumer Research, 38*(5), 775-790.
162 Rottenstreich, Y., & Hsee, C. K. (2001). Money, kisses, and electric shocks: On the affective psychology of risk. *Psychological science, 12*(3), 185-190.
163 Loewenstein, G. F., Weber, E. U., Hsee, C. K., & Welch, N. (2001). Risk as feelings. *Psychological bulletin, 127*(2), 267.

终 章

164 Keller, P. A. (2006). Regulatory focus and efficacy of health messages. *Journal of Consumer Research, 33*(1), 109-114.
165 Sedikides, C. (1993). Assessment, enhancement, and verification determinants of the self-evaluation process. *Journal of personality and social psychology, 65*(2), 317.
166 Higgins, E. T. (1997). Beyond pleasure and pain. *American psychologist, 52*(12), 1280.
167 Crowe, E., & Higgins, E. T. (1997). Regulatory focus and strategic inclinations: Promotion and prevention in decision-making. *Organizational behavior and human decision processes, 69*(2), 117-132.
168 Higgins, E. T. (1998). Promotion and prevention: Regulatory focus as a motivational principle. In *Advances in experimental social psychology* (Vol. 30, pp. 1-46). Academic Press.
169 Schwartz, B., Ward, A., Monterosso, J., Lyubomirsky, S., White, K., & Lehman, D. R. (2002). Maximizing versus satisficing: happiness is a matter

of choice. *Journal of personality and social psychology, 83*(5), 1178.
170. Weinstein, N. D. (1980). Unrealistic optimism about future life events. *Journal of personality and social psychology, 39*(5), 806.
171. Sharot, T. (2011). The optimism bias. *Current biology, 21*(23), R941-R945.
172. Zeelenberg, M., Beattie, J., Van der Pligt, J., & De Vries, N. K. (1996). Consequences of regret aversion: Effects of expected feedback on risky decision making. *Organizational behavior and human decision processes, 65*(2), 148-158.
173. Zeelenberg, M. (1999). Anticipated regret, expected feedback and behavioral decision making. *Journal of behavioral decision making, 12*(2), 93-106.
174. Tsiros, M., & Mittal, V. (2000). Regret: A model of its antecedents and consequences in consumer decision making. *Journal of consumer Research, 26*(4), 401-417.
175. Anderson, C. J. (2003). The psychology of doing nothing: forms of decision avoidance result from reason and emotion. *Psychological bulletin, 129*(1), 139.
176. Bell, D. E. (1982). Regret in decision making under uncertainty. *Operations research, 30*(5), 961-981.
177. Loomes, G., & Sugden, R. (1982). Regret theory: An alternative theory of rational choice under uncertainty. *The economic journal, 92*(368), 805-824.
178. Goldstein, N. J., Cialdini, R. B., & Griskevicius, V. (2008). A room with a viewpoint: Using social norms to motivate environmental conservation in hotels. *Journal of consumer Research, 35*(3), 472-482.
179. Allcott, H. (2011). Social norms and energy conservation. *Journal of public Economics, 95*(9-10), 1082-1095.
180. Allcott, H., & Rogers, T. (2014). The short-run and long-run effects of behavioral interventions: Experimental evidence from energy conservation. *American Economic Review, 104*(10), 3003-3037.
181. Ebeling, F., & Lotz, S. (2015). Domestic uptake of green energy promoted by opt-out tariffs. *Nature Climate Change, 5*(9), 868-871.
182. Oracle Utilities (2019). Opower Behavioral Energy Efficiency.
183. Johnson, E. J., & Goldstein, D. (2003). Do defaults save lives?. *Science, 302*(5649), 1338-1339.
184. Hasher, L., Goldstein, D., & Toppino, T. (1977). Frequency and the conference of referential validity. *Journal of verbal learning and verbal behavior, 16*(1), 107-112.
185. Cialdini, R. B., & Trost, M. R. (1998). Social influence: Social norms, conformity and compliance. In D. T. Gilbert, S. T. Fiske, & G. Lindzey

(Eds.), The handbook of social psychology (pp. 151–192). McGraw-Hill.
186 Macrae, C. N., & Bodenhausen, G. V. (2000). Social cognition: Thinking categorically. *Annual review of psychology, 51,* 93-120.
187 Goldin, C., & Rouse, C. (2000). Orchestrating impartiality: The impact of "blind" auditions on female musicians. *American economic review, 90*(4), 715-741.
188 Slovic, P. (1987). Perception of risk. *Science, 236*(4799), 280-285.

作 者 简 介

相良奈美香

行为经济学顾问。

日本为数不多的拥有行为经济学博士学位的人之一，一家行为经济学咨询公司的负责人。

毕业于美国俄勒冈大学，并在俄勒冈大学获得心理学·行为经济学专业硕士学位和商学院行为经济学专业博士学位。

曾在杜克大学商学院从事博士后研究工作，后创办行为经济学咨询公司 Sagara Consulting 并担任公司负责人。随后，受全球第三大市场研究公司益普索邀请，担任其行为经济学中心（现行为科学中心）的创始人和负责人。目前担任行为科学小组（别名：Syntonic Consulting）的负责人，在全球范围内提供包括行为经济学在内的行为科学相关咨询。早在行为经济学普及前，已经开始就"如何将行为经济学融入商业"提供咨询。一直走在美国和欧洲行为经济学的前沿，为将行为经济学融入金融、保险、医疗保健、制药、科技和营销等众多行业的企业而不断努力。

她的研究成果已发表在《美国国家科学院院刊》等权威学术期刊以及《卫报》、美国哥伦比亚广播公司财富观察栏目（CBS Moneywatch）和《科学日报》等众多媒体之上。经常在国际上发表主旨演讲，曾受邀在耶鲁大学、斯坦福大学和美国巨头优步公司等发表演讲，推广行为经济学。

此外，她还是宾夕法尼亚大学硕士课程的顾问。

推荐阅读

读懂未来前沿趋势

一本书读懂碳中和
安永碳中和课题组 著
ISBN：978-7-111-68834-1

双重冲击：大国博弈的未来与未来的世界经济
李晓 著
ISBN：978-7-111-70154-5

一本书读懂 ESG
安永 ESG 课题组 著
ISBN：978-7-111-75390-2

数字化转型路线图：智能商业实操手册
[美] 托尼·萨尔德哈（Tony Saldanha）
ISBN：978-7-111-67907-3

马特·里德利系列丛书

创新的起源：一部科学技术进步史
ISBN：978-7-111-68436-7

揭开科技创新的重重面纱，开拓自主创新时代的科技史读本

基因组：生命之书23章
ISBN：978-7-111-67420-7

基因组解锁生命科学的全新世界，一篇关于人类与生命的故事，华大CEO尹烨翻译，钟南山院士等8名院士推荐

先天后天：基因、经验及什么使我们成为人（珍藏版）
ISBN：978-7-111-68370-9

人类天赋因何而生，后天教育能改变人生与人性，解读基因、环境与人类行为的故事

美德的起源：人类本能与协作的进化（珍藏版）
ISBN：978-7-111-67996-0

自私的基因如何演化出利他的社会性，一部从动物性到社会性的复杂演化史，道金斯认可的《自私的基因》续作

理性乐观派：一部人类经济进步史（典藏版）
ISBN：978-7-111-69446-5

全球思想家正在阅读，为什么一切都会变好？

自下而上（珍藏版）
ISBN：978-7-111-69595-0

自然界没有顶层设计，一切源于野蛮生长，道德、政府、科技、经济也在遵循同样的演讲逻辑

投资名家·极致经典

巴菲特授权亲笔著作
杨天南精译

最早买入亚马逊，持股超过20年
连续15年跑赢标准普尔指数

每一份投资书目必有这本大作
美国MBA投资学课程指定参考书

金融世界独一无二的好书
风险与其说是一种命运
不如说是一种选择

美国富豪投资群Tiger21创始人
有关投资与创业的忠告

通往投资成功的心理学与秘密
打败90%的资产管理专家

富达基金掌舵人长期战胜市场之道
彼得·林奇、赛斯·卡拉曼推荐

巴菲特力荐的经典著作
化繁为简学习《证券分析》精华

金融周期领域实战专家
30年经验之作